DOROTHEA NEUMAYR

Zeit für Deine Seele

7 Schlüssel
zu Herzensfreude
und Glück

Für Steffi
als Wegbegleiter

In Dankbarkeit meiner Mutter
für die liebevolle Weisheit,
die sie uns schenkt

Inhalt

Tief in uns ist etwas, das jenseits von Kopf und Herz unser Leben erleuchtet – unsere Seele. Sie ist jenseits aller Grenzen von Raum und Zeit, folgt ihrer eingeborenen Weisheit und lässt uns ohne Verstand verstehen, ohne Augen sehen. Wir spüren sie in diesem ersten verschleierten Blick, mit dem ein Neugeborenes seine Mutter anschaut. Wir erkennen sie in einem Lächeln, einer Berührung, in einer Erinnerung. Die Seele ist, was einem Augenblick Unsterblichkeit verleiht, manchmal Andacht erweckend – nichts kommt ihr gleich.

Lass Dich willkommen heißen im Reich Deines inneren Gartens!

Das Paradies wartet in uns – dort, wo alle Sehnsucht ihr Ziel und ihren Ursprung hat –, wir brauchen es nur aufzusuchen. Stille im Geist und Ruhe im Körper sind Schlüssel zum Eingang in unser inneres Zuhause – nirgendwo sonst sind wir geborgener als hier, wo alle Sorgen, alle Wünsche enden. Unser Weg ist ein Pfad in wachsenden Ringen, der uns dorthin führt, wo alles sich endlich vollendet und heilt – ein Fließen, das in seine Quelle mündet. Vertrauen erfordert der Weg in unsere Mitte, Muße, Geduld und Liebe braucht es als Wegzehrung. Keine Wegbeschreibung kann die eigene Suche ersetzen, jeder hat *seinen* Kompass auf der Reise, an deren Ende wir uns selbst begegnen.

In Wahrheit sollte dieses Buch leere Seiten haben, damit jeder, der es öffnet, die Melodie seiner Seele hineinatmen kann und seine eigensten Seelen-Bilder malen. Dennoch habe ich sieben Schlüssel zu Herzensfreude und Glück gefunden und für Dich in ein blaues Band gewebt.

Der erste Schlüssel ist die Natur, ist sie doch die Heimat der Seele. Auf den Gipfeln der Berge wohnt sie in tiefster Stille, in einer zarten Blüte entdeckt sie ein offener Blick. In Zeiten der Flüchtigkeit weitet sich die achtsame Schau auf die Schöpfung und lässt uns erkennen, was uns täglich geschenkt wird, dies ist der zweite Schlüssel.

Dankbarkeit ist der dritte Schlüssel zu Momenten des Glücks. Sie lässt uns spüren, dass das Leben ein einziges Geschenk ist. Der vierte Schlüssel öffnet unser Herz, damit wir seiner Melodie lauschen und uns selbst und andere so annehmen, wie wir sind. So webt sich mein Band im Achten, Danken und Lieben. Es ist der Fluss, der heilt – Wandel ist unser steter Begleiter im Leben. Veränderung trägt uns dorthin, wo unser Platz ist, wo unsere Heilung und Erfüllung warten. Vergeben und Loslassen sind die nächsten Schlüssel, damit alles durch uns und in uns fließen kann. Innen wie außen. Im Kleinen wie im Großen. Dann können wir uns öffnen, wo wir verschlossen sind, freilassen, was uns beengt. Das Leben wird wieder zum Fluss und wir sind stimmig – im Einklang mit uns und der Welt. Genau darin liegen der Zauber und der siebente Schlüssel verborgen.

Du kannst dieses Seelenbuch Kapitel für Kapitel in diesem Reigen lesen oder das Thema auswählen, das Dich gerade am meisten beschäftigt. Eine schöne Möglichkeit wäre, Deine Augen zu schließen und eine Seite intuitiv aufzuschlagen, Du wirst bestimmt das Richtige finden – die Stimme Deiner Seele führt Dich mit liebender Hand.

Wie auch immer Du Dein eigenes Seelenband weben wirst, ich wünsche Dir, dass Du jeden Tag Zeit für Deine Seele findest und das Buch Dir zur Freude und Inspiration wird. Mögen die sieben Schlüssel Deiner Seele Balsam sein und Dich ein Stück auf Deinem Weg begleiten!

Ich wünsche Dir Glück, Deinem Herzen Liebe, Deiner Seele Höhenflüge!
Von Herz zu Herz,
von Seele zu Seele,
Dir nahe,

»Alle Geschöpfe der Erde fühlen wie wir,
alle Geschöpfe streben nach Glück wie wir.
Alle Geschöpfe der Erde lieben, leiden
und sterben wie wir, also sind sie uns
gleich gestellte Werke des allmächtigen Schöpfers
– unsere Brüder.«

Franz von Assisi

Eins mit der Natur

»Die Freude im Himmel finden, in den Bäumen, in den Blumen. Es gibt überall Blumen für die, die sie sehen wollen.«   Henri Matisse

Allein sein unter dem Himmel, unter dem stillen Grün der Blätter. Augenblicke ohne Wünsche. Eins mit sich und der Welt.

Man wird bescheiden, wenn man das buchstäblich Unfassbare der Natur erkennt und die Fülle ihrer Weisheit wahrnimmt. Sie bringt uns zum Staunen – ganz gleich, ob religiös oder wissenschaftlich motiviert –, alle sind sich einig, dass die Natur ein einziges Wunder ist. Sie hat zwar ihre eigenen Gesetze, wie die Dinge in ihr geschehen sollen, wir jedoch haben einen sicheren Platz in ihrem Plan. Nicht von ungefähr nennen wir sie »Mutter Natur«, sie schenkt uns Glücksgefühle, Energie und tiefe Entspannung, sie ist unsere Seelen-Heimat.

Die mittelalterliche Mystikerin Hildegard von Bingen sagte: »Es gibt eine Kraft aus der Ewigkeit und diese Kraft ist grün.«

Diese heilige Farbe ist für sie eine »Herzkraft himmlischer Geheimnisse, die die Herrlichkeit des Irdischen nicht fasst.« Das große Glück, das uns der Himmel schenkt.

In den letzten Jahren haben auch Medizin und Naturwissenschaft den Wert der Natur und hier vor allem des Waldes als wohltuenden und heilsamen Ort erkannt. »Waldbaden« ist Medizin pur!

Ganz gleichgültig, wo wir uns in der Natur aufhalten – ob in der Stille eines Waldes, auf einem einsamen Berggipfel, einer duftenden Blumenwiese, an einem kristallklaren See oder am weiten Meeresstrand –, überall lässt sie uns eine Stimme hören, die in vertrauten Lauten zu unserer Seele spricht.

»Die Natur muss gefühlt werden«, schrieb der Naturforscher Alexander von Humboldt im Jahr 1799 an seinen Freund Johann Wolfgang von Goethe, »sie ist wie Balsam voll wundertätiger Heilkräfte.«

Um das zu spüren, brauchen wir keine Studien, keine Bücher oder Anleitungen. Wir müssen nur wie Kinder offenen Herzens ins Grüne hinausgehen, uns an den kleinen Dingen freuen und wieder staunen lernen. Dabei gehen Natur und Achtsamkeit Hand in Hand, sie sind eine Einheit. Wir wandeln uns und wachsen in dem Maß, *wie* wir Zeit mit Pflanzen verbringen, eine Blüte in ihrer Schönheit auf uns wirken lassen, in der Zeitlosigkeit der Natur Ruhe finden. Pflanzen sind Brückenbauer zwischen Himmel und Erde – mit unserem geheimnisvollen sechsten Sinn können wir in ihnen das verborgene Wesen von Mutter Natur erkennen. Der Schlüssel dazu ist Achtsamkeit, Dankbarkeit und die Liebe zu allen Lebewesen. In der Natur schenkt sich jedem, der sie bewusst erlebt, ein Raum für Gedanken und Gefühle, für Stille und innere Bilder. So kann sich der Lichtfunke offenbaren, der in jedem Kraut, in jedem Wassertropfen, in jedem Duft, in jeder Wurzel, in *allem* verborgen ist. Das Geschehen in der Natur wird zu Bildern der Seele. Schon wenn wir uns ein wenig dafür öffnen, spüren wir, dass uns die Natur heil und gesund macht. Die Erde schenkt uns ihre Gaben, in jeder Pflanze steckt ein Stück ihrer Lebenskraft. Wenn wir sie mit Dankbarkeit annehmen, wird sie zur Ressource für die Balance von Leib und Seele, wird sie uns Medizin sein.

Wir können diese Haltung nicht lernen, wir müssen unser Herz dafür öffnen, um das selbstlose Geben unserer Mutter Erde im Wachsen der Pflanzen, im Reifen ihrer Früchte zu erkennen.

In früherer Zeit war alles, was wuchs, und besonders die Heilpflanzen den Menschen heilig. Sie sammelten sie innerhalb von Ritualen, sprachen Gebete dabei und verarbeiteten sie achtsam und dankbar.

Sie wussten um das Wesen der Pflanzen – Sagen, Mythen und alte Pflanzennamen sind Relikte dieses alten, tiefen Wissens.

Vor langer Zeit schrieben die Essener: »Kein Mensch kann lange leben, noch glücklich sein, wenn er seine Mutter Erde nicht ehrt.« Diese alte Weisheit ist heute beinahe in Vergessenheit geraten.

Es heißt, Blumen seien die Liebesgedanken der Natur. Mit der Anmut ihrer Blüten erfreuen sie jedoch nicht nur unser Auge und berühren unser Herz, ihre süßen Düfte bringen auch unsere Seele ins Gleichgewicht und in ihren verborgenen Essenzen liegt der Schlüssel zur Heilung des Körpers, zu Schönheit und Jugend.

Der englische Arzt Dr. Edward Bach (1886–1930) war einer der ersten, der sich nach Hildegard von Bingen, dem großen Arzt des Mittelalters Paracelsus und dem Begründer der Homöopathie Samuel Hahnemann, wieder den Seelenkräften der Pflanzen zuwandte. So notierte er: »Krankheit ist ein Mittel, dessen sich unsere Seele bedient, um uns auf jenen Pfad der Wahrheit und des Lichtes zurückzuführen, den wir nie hätten verlassen sollen.« Er hatte in seiner langjährigen medizinischen Praxis festgestellt, dass Krankheiten überwiegend aus seelischer Disharmonie entstehen.

Von seiner großen Sensitivität geleitet, suchte er so lange in der Natur, bis er eine passende Pflanze fand, die bestimmte Symptome zum Abklingen brachte. Es war Dr. Bach möglich, sich intuitiv einer Pflanze zuzuwenden, ihren Tau aufzunehmen und zu erkennen, welchen Gemütszustand sie ausgleichen konnte. So entdeckte er zunächst zwölf Blüten, die »12 Heiler« und entwickelte daraus ein System mit 38 Grundheilmitteln aus frischen Blüten wildwachsender Blumen, Sträucher und Bäume, die besonders die Seelenkräfte ansprechen. Seine Heilmittel haben inzwischen vielen Menschen geholfen und auch für Tiere gibt es verschiedene Mixturen. Wichtig ist bei der Behandlung mit Bach-Blüten der Gedanke, dass man eine Pflanze nicht »gegen« etwas einsetzen sollte, sondern »für« etwas.

»Das Äußere einer Pflanze ist nur die Hälfte ihrer Wirklichkeit«, beobachtete der Dichter und Naturforscher Goethe.

Wer mit Heilkräutern umgehen will, braucht Achtung und Wertschätzung vor der Pflanze, denn diese ist nicht nur ein Lebewesen, sie hat auch Bewusstsein und kann angesprochen werden. Die Seele der Pflanze ist es, die den Menschen Heilung bringt, nicht nur ihre Inhaltsstoffe. So hat mich manchmal der Name einer Pflanze oder ihre Signatur dem Verständnis ihrer Wirkung nähergebracht als die Liste ihrer Wirkstoffe. Die Signaturenlehre besagt, dass Heilpflanzen Kennzeichen tragen, die verraten, welche Krankheiten sie heilen können. Zum Beispiel zeigen die Blätter des Lungenkrauts an der Oberfläche gut sichtbare »Lungenbläschen«.

Will man etwa Heilpflanzen ernten, dann sollte man sich vorher bewusst einstimmen und die Seele der Pflanze um Erlaubnis bitten. Nachdem Heilkräuter offensichtlich keine Ohren haben, um unsere Botschaften zu vernehmen, sollten wir lernen, anders als gewohnt mit ihnen zu kommunizieren und das braucht ein bisschen Übung.

Am besten stimmen wir uns ein, indem wir nichts erwarten, indem wir Zeit mitbringen, um still zu werden, damit wir die Kraft und Essenz der Pflanze wahrnehmen können: einfach nur sitzen, still werden, alle Einzelheiten von ihr aufnehmen, ihren Duft riechen, ihre Energie spüren.

Pflanzenverbündete finden

Die Erde ist beseelt. Wir haben alle Verbündete in der geistigen Welt, die uns stärken und heilen können, die uns Kraft schenken.

Wir alle haben Pflanzenverbündete, Tierverbündete, die uns begleiten. Nimm Dir etwas Zeit, geh hinaus ins Grüne und such Dir einen Platz, an dem Du Dich wohlfühlst.

- Nutz den Weg, um mit Deiner Aufmerksamkeit vom Kopf ins Herz zu kommen, atme dabei tief und entspannt. Geh bewusst, langsam und achtsam, sodass Du beim Gehen wahrnehmen kannst, wie Deine Fußsohlen den Boden berühren. Wie fühlt sich Mutter Erde an? Welche Spuren hinterlässt Du beim Gehen?
- Wenn Du Deinen Platz intuitiv gefunden hast, dann schließ für ein paar Augenblicke Deine Augen und bitte Deine Pflanzenverbündete, sich zu zeigen.
- Lass Dir Zeit und nimm sie wahr. Und dann beginn ruhig mit der Pflanze zu atmen. Spür Dich selbst als Teil der Natur und fühl dabei die innere Verbundenheit mit Deiner Pflanze.

- Schließ Deine äußeren Augen, damit sich Dein Herz weit öffnen kann, und schick Deiner Pflanze einen herzlichen Gefühlsgruß. Nimm Dir jetzt Zeit, eine Antwort zu empfangen – das kann ein Duft sein, ein Geschmack, ein Gedanke oder ein inneres Bild.
- Versuch, ihre Energie zu empfinden und in Dich aufzunehmen. Lass zu, dass sich Deine inneren Sinne melden, Deine Hellsichtig und -fühligkeit.
- Deine Intuition wird Dir sagen, wann es Zeit ist, die Kommunikation zu beenden. Bedank Dich und lös Dich wieder von den inneren Bildern, atme ein paar Mal tief ein und aus und komm wieder ganz bei Dir an.

Im 12. Jahrhundert schrieb Hildegard von Bingen von dem heilenden Band zwischen Mensch und Natur, das sie »Grünkraft« nannte. Man weiß heute beispielsweise, dass Pflanzen mit unserem Immunsystem kommunizieren und uns heilen, ohne dass wir sie berühren müssen – geschweige denn schlucken.

> *»Oh große Kräfte sind's, weiß man sie recht zu pflegen, die Pflanzen, Kräuter, Stein' in ihrem Innern hegen.«*
>
> William Shakespeare

Jede Pflanze ist ein Lebewesen, in dem ein Bild liegt und eine Wirklichkeit mit einer unendlichen Vielfalt an Heilstoffen für Körper und Seele. Wir wissen, dass Bilder eine große physische und psychische Wirkung auf uns haben. Wenn es durch Glück oder Intuition gelingt, die richtige Heilpflanze, das richtige Bild zu finden, dann können wir heil werden. Jede Pflanze ist ein wundervoller Mikrokosmos, eingebunden in den Makrokosmos der Erde und des Weltalls. Ich, und mit mir alle Wesen dieser Erde, stehen in Beziehung zu ihr, das sollte ich nicht nur erkennen, sondern auch wertschätzend annehmen. Diese Anerkennung zeigt sich im Respekt, innerer Achtsamkeit und Verneigung vor dem Leben. Wenn wir die Schönheit und Heilkraft des Grüns wiederentdecken und uns unserer Verantwortung dafür bewusst werden, könnten wir auch darauf achten, nur so viele Pflanzen zu sammeln, wie wir wirklich brauchen, und uns Gedanken darüber machen, wie wir diese heilenden Geschenke schützen können.

Es ist mir ein Anliegen, dass Wildkräuter und Heilpflanzen nicht wahllos gepflückt werden, denn das bedarf großer Ehrfurcht und Demut. Am bedeutsamsten ist es, auf die intuitiven Botschaften zu achten und seinem Gefühl zu vertrauen. Man sollte nur eine Pflanze abschneiden, zu der man eine Beziehung aufgebaut hat und von der klar ist, dass sie zu einem passt und auch mitkommen will. Wenn ein Zweifel auftaucht, ob ich sie überhaupt brauche, bleibt sie stehen. Wenn sich eine Pflanze schwer finden oder nicht abpflücken lässt, wird sie nicht mitgenommen. Wenn mir ein Kraut nicht sympathisch ist, nützt es nichts, wenn seine Inhaltsstoffe gepriesen werden, andererseits kann ein völlig unscheinbares Kräutlein, das mich anspricht, genau richtig sein für mich.

Als Kind bin ich am liebsten draußen in unserem wilden Garten gewesen mit seinen alten Apfelbäumen und hohen Fichten, mit den Stachelbeersträuchern und den Vergissmeinnicht unter den duftenden Rosen. Wir waren vier Geschwister und hatten das große Glück, dass unsere Eltern ein altes Holzhaus zu unserem Heim gemacht hatten. Unser Nachbar war ein Bauer mit weiten Wiesen und Feldern, mit Kühen, Schweinen und Hühnern. So war unser Paradies nicht auf den Garten beschränkt, sondern schier unendlich. Was gab es Schöneres, als im Frühling Wiesenblumen zu pflücken, Löwenzahnketten zu basteln und im Sommer im warmen duftenden Heu Verstecken zu spielen?

Die Natur hat mich von klein auf geprägt und meine Mutter hat diese Liebe gefördert, indem sie mir Blumen und Kräuter erklärt hat und beim Wandern in den Bergen auch die Alpenflora. So war ich schon als Fünfjährige mit Alpenrosen, Enzian und Edelweiß vertraut und erkannte die Soldanelle am Rande des Gletschereises. Meine Mutter hat mir den Blick für die kleinen Dinge geschenkt wie auch für die ganz kleinen, und sie hat mich die Dankbarkeit gelehrt. Das Allerwichtigste aber: Ich lernte, dass jede Pflanze ein Lebewesen ist, dem man mit Respekt und Achtung begegnen sollte.

Mein Freund war ein großer alter Apfelbaum, dessen Krone mir Zufluchtsort war und Heimat, wo ich träumen konnte jenseits von Zeit und Raum, der die Klangfarben meines Herzens berührte und meine Fantasie beflügelte. Eines Tages neigte er sich ganz langsam unter der Last seiner Früchte mit einem lauten Seufzen zur Seite und starb. Nie werde ich diesen Laut vergessen, nie dieses Bild aus meinem Herzen löschen können – seither weiß ich, dass jede Pflanze eine Seele hat.

Als Kinder verbringen wir, wenn wir das Glück haben, viel Zeit im Freien. Der Garten, die Wiese, das kleine Bächlein sind ideale Spielplätze, sie schenken Raum zum Träumen, Staunen und Fantasieren. Wir hören Märchen und lesen Geschichten, in denen Pflanzen und Tiere sprechen können und fühlen, dass wir dazugehören, spüren Nähe. Der Alltag wird verzaubert und das ganz normale Leben mit Sternenstaub bestreut. Je älter wir werden, desto mehr wird das als kindliche Spinnerei, als Märchenglaube abgetan, von dem wir uns lösen müssten, um endlich vernünftig zu sein. Ganz zu Unrecht, denn die Beziehung zu Pflanzen ist uns ein Urbedürfnis, weil wir spüren, dass sie uns die Tür zu einer anderen Dimension des Seins öffnen. Ihre Schönheit, ihre Anmut, ihre unendliche Vielfalt erinnert uns an die schöpferische Kraft des Lebens, verbindet uns mit dem Reichtum der Natur.

Eine wundervolle Möglichkeit dem Leben und der Natur auf die Spur zu kommen, besteht darin, sich einen Baum auszusuchen, vor der Haustüre oder im Park um die Ecke, und ihn bei seiner Reise durch die Jahreszeiten zu beobachten. Wichtig ist, dass man ihn am Tag und in der Nacht und zu allen Jahreszeiten besucht, um zu erleben, wie er die ersten Knospen trägt, die ersten zarten grünen Blätter entfaltet, wie er in voller Blüte steht. Da zu sein, wenn er im Sommer ein dichtes Laubdach hat, das sich im Herbst in leuchtendes Rot und Gelb verfärbt, wenn er im Winter seine kahlen Äste zum Himmel streckt, vielleicht sogar von Schnee bedeckt. Ihn zu sehen, zu riechen, zu schmecken und zu hören, zu erkennen, dass er Lebensraum bietet für unzählige Lebewesen.

Mein Freund der Baum

Ein Baum kann unser Freund sein, stark und verlässlich wie ein großer Bruder, der uns beschützt und Mut macht. Er kann uns Kraftquelle und Inspiration sein.

- Geh langsam auf Deinen auserwählten Baum zu und spür ganz bewusst die Grenze, an der sein Raum beginnt. Begrüß ihn von Herzen und warte auf die Erlaubnis, näher zu kommen. Vielleicht kannst Du um ihn herumgehen und die richtige Seite suchen, um sein Energiefeld zu betreten.

- Find die jeweils stimmige Art der Kontaktaufnahme, wenn Du sein Energiefeld betrittst. Setz Dich unter den Baum, lehn Dich an seinen Stamm, lausche dem Wind in seiner Krone und schließ Deine Augen. Warte, anstelle etwas zu erwarten! Wenn sich Dein Energiefeld dem des Baumes angepasst hat, entsteht ein gemeinsames Feld. Dann hast Du den Kontakt zu Deinem Baum hergestellt und kannst Informationen austauschen.

- Stell Dir vor, wie weit seine Wurzeln reichen, wie tief sie im Boden verankert sind. Beobachte, wie die Äste dem Himmel zustreben, wie sich die Blätter, die Blüten dem Sonnenlicht öffnen.
Umarme seinen Stamm, fühl seine Rinde, atme seinen Duft.

- Sei ganz im Augenblick. Welche inneren Bilder steigen auf, welche Gefühle, Empfindungen im Körper? Bleib ganz bei Dir und gleichzeitig offen für die Schönheit dieses Lebewesens.

- Stell Deinem Baumfreund eine Frage, erzähl ihm Deine Sorgen, von Deiner Freude. Halte es wie Erich Kästner: »Mit Bäumen kann man wie mit Brüdern reden und tauscht bei ihnen seine Seele um.«

- Wenn Du den Baum verlässt, vergiss nicht, ihm für das, was er Dir gegeben hat, zu danken. Gleichgültig, ob Du ein Blatt, ein inneres Bild oder ein Gefühl mitnimmst, und verabschiede Dich auf Deine eigene Art und Weise.

Mach immer wieder einmal ein inneres oder konkretes Foto, eine Zeichnung von Deinem Baum in Grün, in Weiß, in Bunt, mit Blüten oder Früchten und schreib Deine Gedanken dazu.

Lass ihn Deine Jahreszeitenuhr werden, einen steten Begleiter, einen Fixpunkt Deines Lebens. Schick ihm gute Gedanken und verbinde Dich mit ihm auf der Herzensebene.

Manchmal lasse ich bei meinem Baum auch etwas von mir zurück, einen schönen Stein, ein Bändchen oder ein Haar von mir, alles ist ein Geben und Nehmen. Hermann Hesse schrieb: »Bäume sind Heiligtümer. Wer mit ihnen zu sprechen, wer ihnen zuzuhören weiß, der erfährt die Wahrheit. Sie predigen nicht Lehren und Rezepte, sie predigen, um das Einzelne unbekümmert, das Urgesetz des Lebens.«

Eine Anekdote aus dem Leben des Lyrikers Rainer Maria Rilke besagt, dass seine Frau beim Spazierengehen plötzlich bemerkte, dass ihr Mann nicht mehr bei ihr war. Als sie sich umschaute, sah sie ihn vor einem Baum stehen. Sein Gesicht hatte sich völlig verändert, er wirkte tief bewegt. Als sie ihn später fragte, was denn da gewesen sei, antwortete Rilke, es war, als hätte der Baum ihm eine Frage gestellt.
Es gibt Begegnungen mit der Natur, mit Musik, mit Menschen, in denen wir uns anders fühlen, in denen die Saiten unserer Seele erklingen.

Welch herrliche Lebewesen Bäume doch sind – welch großartige Gedanken des Schöpfers! Sie überdauern uns Menschen, wachsen über unsere kurze Lebenszeit hinaus – sie haben eine Geschichte.

Wenn Du Deinen Baum regelmäßig aufsuchst und mit ihm kommunizierst, bekommen er und seine unmittelbare Umgebung eine ganz eigene Qualität: Es entsteht ein Kraftort. Dieser Ort wird mit Energie aufgeladen, die Du spüren kannst. Genauso verhält es sich an anderen Kraftorten: In einem buddhistischen Kloster zu meditieren, wirkt zum Beispiel viel tiefer als in einem Hotelzimmer. Die Atmosphäre in christlichen Kirchen oder Moscheen berührt auch Atheisten und das liegt nicht allein an ihrer Baukunst. Die unzähligen Gebete unzähliger Menschen über Jahrhunderte haben ein Feld geschaffen, das wirkt.

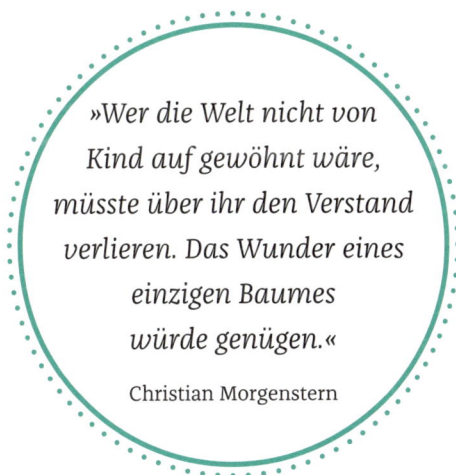

»Wer die Welt nicht von Kind auf gewöhnt wäre, müsste über ihr den Verstand verlieren. Das Wunder eines einzigen Baumes würde genügen.«

Christian Morgenstern

In früheren Zeiten war der Mensch noch tief mit der Natur verbunden, lebte im Einklang mit ihr und erkannte intuitiv ihre Sprache und Zeichen. Mensch und Tier waren von Anbeginn sehr eng miteinander verwoben, der Mensch lernte vom Tier, indem er es beobachtete und versuchte, seine Kräfte zu verstehen, besonders auch die geistigen, um mit ihm in Harmonie zu leben.

In vielen indianischen Stammeskulturen lebte man die Überzeugung, dass Mensch und Tier seelenverwandt seien und dass jedes Tier ein Bote der geistigen Welt sei. Ähnliches finden wir in vielen alten Kulturen dieser Welt, wo Menschen mit Tieren kommunizierten, die Geschichten, die sie von ihnen erfuhren, weitergaben, die Tiere würdigten und sie riefen, wenn sie Hilfe und Heilung brauchten. Die Tiere schenkten den Menschen Erkenntnisse und spirituelle Qualitäten, die ihnen halfen, sich zu entwickeln, sie gaben ihnen Nahrung in jeder Form und forderten dafür ab und zu ein Opfer. Sie lebten das Gesetz von Geben und Nehmen im ewigen Kreislauf miteinander und füreinander, wie Bruder und Schwester.

In der Mythologie werden Tiere als Symbole für die verschiedenen Aspekte des Menschen und seiner Seele betrachtet. Das macht sie zu unseren potenziellen Helfern, die uns als Boten oder Krafttier auf einen aktuell wichtigen Aspekt unseres Entwicklungsweges aufmerksam machen. Wenn wir uns auf der spirituellen Ebene mit einem bestimmten Tier verbinden können, kann es uns Unterstützung und Stärkung sein beim nächsten anstehenden Schritt in unserem Leben.

Krafttiere sind Wesen archaischer Natur, die im Schamanismus und in den Heiltraditionen vieler Kulturen seit Jahrtausenden verankert sind. Diese Tiere stehen symbolisch gesehen für Eigenschaften, Kräfte und aktuelle Lebensthemen des Menschen, dem sie beiseitestehen. Sie sind Ratgeber und Seelenführer, begleiten uns liebevoll von Geburt an und können so unterschiedlich sein wie wir Menschen. Unser Lieblingstier könnte ein Hinweis auf unser persönliches Krafttier sein. Erscheint uns ein Tier, sollten wir es nicht von vornherein bewerten oder sogar ablehnen, auch wenn es unscheinbar oder klein ist. Oft wird uns die Bedeutung dahinter erst durch eingehende Betrachtung und Beschäftigung mit ihm klar. Manche Krafttiere unterstützen uns in besonders schwierigen Zeiten, indem sie uns die nötige Weisheit und Klarheit geben, die aktuelle Herausforderung oder Krise zu meistern. Sie schenken uns den Mut und die Stärke, anstehende Aufgaben zu bewältigen. Wir müssen nur herausfinden, welche Kraft in diesem Augenblick für uns wichtig ist.

Existieren diese Wesen nur in unserer Fantasie?

Ganz gleich-gültig, denn es geht um die Sprache unseres eigenen Unbewussten, unsere innere Weisheit, die verstanden und gesehen werden möchte.

Reise zu meinem symbolischen Krafttier

Such Dir zu Hause oder in der Natur einen ruhigen Platz und nimm Dir Raum und Zeit für eine Bilderreise. Leg Dich bequem hin und schließ Deine Augen.

- Beobachte eine Zeit lang Deinen Atem und lass ihn immer ruhiger werden, sodass Du mit jedem Ausatemzug tiefer in die Entspannung sinkst. Lass Dich im Rhythmus Deines Herzschlags tiefer sinken und immer tiefer.

- Dann lass vor Deinem inneren Auge eine Landschaft auftauchen, nimm das erste aufsteigende Bild wahr und wichtig und geh in Deine Landschaft hinein. Nimm alles rund um Dich herum wahr, die Stimmung, die Tageszeit, die Pflanzen, den Geruch ... wie sieht die Umgebung aus?

- Nun siehst Du in einiger Entfernung ein Tier, das ganz langsam auf Dich zukommt, und während es sich nähert, nimmst Du immer mehr Details von ihm wahr. Welche Farbe hat es? Wie bewegt es sich? Es ist Dir bewusst, dass es nur für Dich hierhergekommen ist und dass es Dir wohlgesonnen ist.

- Jetzt bleibt das Tier stehen und Du kannst es genau betrachten. Begrüß es und lass es wissen, dass Du Dich über sein Kommen freust. Folg dem ersten Impuls Deiner Fantasie und agiere so spontan wie möglich. Du kannst das Tier berühren oder Dich von ihm berühren lassen, frag es nach seiner Botschaft und sprich mit ihm ...

- Deine Intuition sagt Dir, wann es Zeit ist, Dich zu verabschieden. Bedank Dich bei Deinem Krafttier und bitte es eventuell um ein Zeichen in der alltäglichen Welt.

- Ohne irgendetwas zu vergessen, kehrst Du zurück in die Realität, atmest tief ein, räkelst und streckst Dich und bist nun wieder im Hier und Jetzt.

Reflexion:

Du kannst Dein Tier und die Landschaft auch zeichnen, um so das Erlebte noch weiter zu verinnerlichen.

Lies über das Tier nach, das sich Dir gezeigt hat, oder beobachte es in freier Wildbahn. Studiere seine besonderen Eigenschaften und Merkmale, die Elemente, in denen es lebt. Lass das Tier in Deinem Sein lebendig werden, indem Du zu ihm eine Beziehung aufbaust, es achtest und ehrst. Je bedeutender das Tier in Deinem Leben wird, desto stärker und hilfreicher kann es für Dich werden.

Wichtig: Nur Du allein kannst die inneren Bilder und Botschaften Deiner Seele entschlüsseln!

Richte Dich dabei nicht nach Anweisungen anderer Menschen oder Ratgeber, denn die Bedeutungsfindung ist ein sensibler, individueller Prozess. Die Botschaft Deines Herzens hat immer Vorrang gegenüber Bedeutungen, die Du in Büchern findest!

Wenn Du Dein Krafttier nicht gleich bei der ersten Bilderreise findest, dann versuch es einfach nach einiger Zeit noch einmal und bitte darum, dass es sich Dir zeigt.

Schon im Kindesalter sollte jeder einen Tierverbündeten als starken Begleiter an seiner Seite haben, der ihm Kraft gibt und ihn beschützt. Die Aufgabe eines Krafttiers besteht darin, seinen Schützling gesund zu erhalten, körperlich, seelisch, geistig und spirituell, indem er Führung und Unterstützung gibt oder ihn vor Gefahren warnt. Hier hat das Krafttier die Rolle, die die christliche Religion dem Schutzengel zuspricht. Im Grunde sind Krafttier und Schutzengel nichts anderes als zwei Begriffe für ein und dasselbe – Schutz und Hilfe von einer höheren spirituellen Kraft.

Doch nicht nur auf der symbolischen Ebene sind Tiere wichtige Begleiter in unserem Leben, jedes Kind braucht ein Tier für seine Seelenentwicklung und wünscht sich das auch meist. Oft muss einfach ein Stofftier diese Rolle übernehmen und bekommt den Part des unverzichtbaren Zuhörers, Trösters und Spielgefährten. Wer kennt nicht das Drama, wenn das geliebte Kuscheltier einmal verloren geht?

Jeder, der ein Tier zum Freund hat, weiß um die Seele seines Lebensbegleiters und seine heilsame Wirkung. Es gibt so viele berührende Begebenheiten, die uns zeigen, dass Tiere die treuesten Beschützer und besten Spielgefährten sind. Sie schenken uns Freude und Lebenslust, fordern im Gegenzug Nähe und Zuwendung und lassen uns nie einsam sein. Diese bedingungslose Liebe unserer Tierfreunde tut Kindern und Erwachsenen gleichermaßen gut und ist so wichtig für die Entwicklung unseres Inneren Kindes.

Camillo, mein schwarz-weißer Kater, war so ein besonderer Tierfreund. Er war so sehr eins mit »seinen« Menschen, dass er alle emotionalen Themen wahrnahm und therapeutisch tätig wurde. War einer von uns krank, legte er sich auf die betroffene Körperstelle und schnurrte laut und deutlich spürbar. Seine Nähe und sein Schnurren waren Liebesbeweis und wirkten heilsam auf Körper und Seele. Waren wir verreist, bezog er schon Stunden vor unserer Rückkehr Posten am Gartentor und saß dort erwartungsvoll bei jedem Wetter, manchmal total durchnässt, bis wir endlich heimkamen. Er beschenkte uns in seiner bedingungslosen Liebe und Treue mit unendlich vielen zauberhaften Augenblicken, bis seine Seele von uns ging.

Oft habe ich das Gefühl, dass er uns immer noch begleitet.

Die Natur nimmt uns Menschen so an, wie wir jetzt in diesem Moment sind, und fordert nichts von uns. Sie lehrt uns Achtsamkeit, Dankbarkeit und schenkt uns Resonanz für unsere Fragen und Sehnsüchte.

Eine Medizinwanderung ist ein bewusstes Hinausgehen in die Natur, eine Art Pilgerreise, mit einer Herzensfrage im Gepäck oder mit mehreren Fragen und Themen, um in der Tiefe Antworten und den Weg des Heilwerdens zu finden. Die Natur spiegelt uns unser Wesen und Bewusstsein, wir können erahnen, wer wir jenseits unserer eingegrenzten Alltagsmuster sind, wir können unsere ureigene Natur – Sinn und Sein – erkennen. Wir lernen Zeichen zu lesen und neue kraftvolle Fährten aufzunehmen.

Medizinwanderung in der Weisheit der Natur

Dieser sehr konkrete Selbsterfahrungsweg mit der Frage nach Medizin für unser Leben, stammt aus den indianischen Heilzeremonien. Dabei meint »Medizin« all unsere inneren Ressourcen und auch die Heilkräfte von Mutter Erde, die sie uns schenkt, wenn wir mit wachen Sinnen und achtsamen Sohlen auf ihr wandern.

- Gönn Dir einen Moment der Ruhe und des Zu-Dir-Kommens. Setz Dich aufrecht hin, lass Deinen Atem tief in den Bauch fließen und Deinen Kopf frei werden.

- Geh mit Deiner Aufmerksamkeit nun an eine Stelle in Deinem Körper, die Du gerade als Dein Zentrum empfindest. Spür diese Mitte und Dein Ein-gewobensein zwischen Himmel und Erde.

- Wenn Du Dich gut zentriert fühlst, bitte um eine Frage, die jetzt gerade für Dein Leben wichtig ist, und achte auf den ersten Impuls.

Nimm jede Frage, jedes Thema, das auftaucht, wahr und wichtig.

- Was bricht in meinem Leben gerade auf?
- Wo stehe ich momentan in meinem Leben?
- Welche Entscheidungen habe ich zu treffen?
- Wo kann ich weiterwachsen, wie kann ich in meine Kraft kommen?

Wähl einen Tag, an dem Du für Deine Medizinwanderung wirklich Zeit hast, und pack etwas zu trinken ein. Wenn Du magst, kannst Du an diesem Tag auch gut fasten. Wichtig ist, die Wanderung ganz für Dich allein, in Deiner Stille und Anbindung zu machen, denn es ist weniger eine Wanderung, als ein In-Dich-Hineinspüren, ein Dich-treiben-Lassen, ein Dich-führen-Lassen von Deiner inneren Weisheit und Intuition, und ein Wahrnehmen. Einen halben oder ganzen Tag weg-gehen vom Lärm des Alltags, hinein-gehen in Deine *eigene* Natur, um zu schauen, was ist – was in Dir ist.

Am besten brichst Du mit Deinen Fragen im Herzen bei Sonnenauf-gang auf und machst Dich fastend, schweigend und auf Deine Art auf den Weg in den heiligen Raum der Natur. Du kannst dabei rituell eine

27

Schwelle überschreiten oder durch ein Tor gehen. Öffne Deinen Geist und Dein Herz und sei bereit, Dich mit Dir selbst und Deiner inneren Natur zu verbinden, Deiner eigenen Seelenlandschaft auf die Spur zu kommen.

Du musst nicht weit gehen und darfst Dich auch einfach hinsetzen oder hinlegen. Geh mit offenen Sinnen und achte darauf, ob Du Dich von einer Pflanze, einem Tier, einem Stein angezogen fühlst. Wenn ja, dann geh dort hin und schenk ihm Deine Aufmerksamkeit.

Spür dabei in Dich hinein: Wie fühlst Du Dich an diesem Ort? Was riechst Du, hörst Du? Setz Dich an diesen Platz, zu dieser Pflanze und beobachte sie in Ruhe. Wenn Du magst, sprich mit ihr und erzähl von Dir und Deinem Leben. Stell ihr Fragen, die jetzt auftauchen, und lausche auf die Antwort.

Bedank Dich für das Erlebte und verabschiede Dich, bevor Du weitergehst.

Zu Mittag oder zu Sonnenuntergang gehst Du wieder durch das Tor und kehrst zurück in Deine Alltagswelt.

Nimm Dir Zeit, den Tag und Deine Wanderung zu reflektieren.

Du kannst Deine Augen schließen und wie in einer Meditation den Weg, den Du gegangen bist, noch einmal gehen. Schreib danach die wichtigsten Stationen Deiner Erfahrung in ein Tagebuch, mach Dir Zeichnungen dazu oder kleb Blätter, Blüten, Federn ein.

Pflanzen, Tiere und Steine sind Symbole und haben eine Botschaft für Dich, sie schenken Dir eine Medizin für Deine Seele.

Wenn Du möchtest, kannst Du Deine Engel oder Deinen inneren Mentor bitten, Dir die Botschaft des Weges zu zeigen, denn sie kann ein wichtiger Wegweiser für Dich sein. Das, was Du erlebt und gefunden hast, wird zum Spiegel Deiner Seele. Nimm den Reichtum Deiner Erfahrung in den Alltag mit, sodass sich das Bewusstsein erweitern und neue Wege nachhaltig öffnen können.

»Wer auf den rechten Weg will, muss durchaus durch sich selbst hindurch.«

Wilhelm Busch

»Um die Welt in einem
Sandkorn zu sehen
und den Himmel in einer
wilden Blume,
halte die Unendlichkeit auf
Deiner flachen Hand
und die Stunde
rückt in die Ewigkeit.«

William Blake

Achtsamkeit

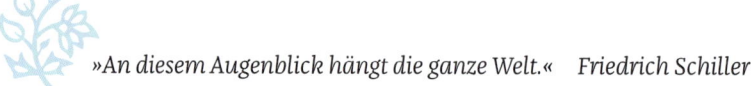

»Leben im Augenblick – carpe diem« – dieses Thema begleitet mich seit vielen Jahren, daraus ist mein Buch »Zeit für Achtsamkeit« entstanden und Achtsamkeit ist mir zur Lebenseinstellung geworden. Im Wort »Achtsamkeit« stecken die Zahl Acht und die liegende Acht, auch Lemniskate genannt. Sie ist das Zeichen für die Unendlichkeit. Achtsamkeit steht also für immerwährende Präsenz. Das klingt unmöglich, lässt sich aber üben. So wie es unmöglich ist, die Natur zu retten, indem wir sie in Bildern festhalten, so ist es auch nicht möglich, achtsam zu sein, wenn wir nur darüber lesen. Es bedarf einer Verinnerlichung und damit einer immerwährenden Praxis, den Augenblick bewusst wahrzunehmen.

»Carpe diem« (aus dem Lateinischen: Pflücke den Tag) – sich einlassen, auf das, was ist, und mit ihm eins sein. Dabei spielt es keine Rolle, welcher Augenblick es ist, auf den ich mich einlasse – ob es eine Tätigkeit ist, eine Begegnung, ein Gedanke oder ein Gefühl. In der Aufmerksamkeit auf jeden Moment bin ich dem Leben gegenüber, wie es sich mir gerade zeigt, ganz offen. Ich habe nichts zu verlieren und nichts zu gewinnen, bleibe in der Gegenwart – bin, was kommt, und bin, was geht. Die Achtsamkeit wandelt sich zur Gegenwärtigkeit, sie ist das Leben aus dem Herzen heraus. In diesen Momenten fühle ich mich glücklich und friedvoll, nicht weil es so läuft, wie ich es mir vorstelle, nicht weil ich habe, was ich will, sondern weil ich einzig der Augenblick bin, in dem mich kein »ich will« oder »ich muss« vom Leben und damit von mir selbst trennt.

»Ich lege mich nie zu Bette ohne zu bedenken, dass ich vielleicht – so jung ich bin – den andern Tag nicht mehr sein werde …«, schrieb Wolfgang Amadeus Mozart im Jahr 1787 im Alter von 31 Jahren an seinen Vater.

Unser Alltag ist eine einzige Rushhour von unzähligen Erledigungen, Terminen und Aufgaben, die alle *jetzt und heute* und am besten simultan erledigt werden müssen. Das ist ein missverstandenes *Jetzt*, denn es ist fremdbestimmt. Wir funktionieren, aber wir atmen nicht mehr, es ist eine Zeit der Besinnungslosigkeit, in der wir so existieren. Oft leben wir im Gefühl des Mangels mit dem tiefsitzenden Empfinden, dass das, was ist, noch nicht das Richtige ist. Achtsamkeit lässt uns wahrnehmen, was *ist*, und nicht, was fehlt, und schenkt uns damit innere Fülle. Deshalb tut es unserer Seele so gut, wenn wir innehalten, wenn wir still werden und uns besinnen. Still werden heißt, wie Mozart an seinen Vater schrieb, etwas *bedenken*. Wer etwas bedenkt, reflektiert sich, kann immer wieder er selbst werden und am Ende heimkommen in seine eigene Mitte. Still werden und den Zauber wahrnehmen, der jedem kleinsten Augenblick innewohnt, und ihn im Herzen bewahren, dankbar staunen mit dem Gefühl, unendlich reich beschenkt zu sein.

Achtsamkeit ist eine Lebensweise und erfordert Bewusstsein.
Das bedeutet, wach zu sein und zu wissen, was wir tun. Dafür müssen wir bereit sein, unser verwundbares, wundervolles Herz berühren zu lassen, uns der Welt zu öffnen und unser Herz mit anderen zu teilen. Durch dieses bewusste Öffnen, ohne etwas tun zu müssen, verschwimmen die Grenzen zwischen uns und der Welt und alles wird eins – das sind die wahren magischen Momente.

Magische Momente sind solche, in denen ich einfach nur bin und wahrnehme, was ist. Mit jeder Faser spüre ich dann, wie gut es ist zu fühlen, verbunden mit allem, was da ist. Dann wird Achtsamkeit ein bisschen wie Wasser, in das ich mich sinken lassen kann oder auf ihm treiben, in dem ich fließen kann, mich ganz einlassen, ohne etwas verstehen zu müssen, ohne wollen und wünschen. Im »Flow« tauche ich in eine Aktivität um ihrer selbst willen ein, als würde ich mich selbst und die Zeit hinter mir lassen. Diese magischen Momente lassen sich überall erleben und jederzeit, wenn ich mich ganz einlassen kann auf das, was gerade ist. Sie fallen mir leichter, wenn ich allein bin, wenn ich mit mir verbunden bin und still werde, draußen in der Natur, beim Sonnenaufgang oder in einem Konzert. Ich brauche keine Antworten und keine Lösungen, ich *bin* einfach nur, lasse zu und nehme an – und das Leben wiegt mich in solchen Augenblicken.

Achtsamkeit lässt mich auch die Vielfalt der Tage wahrnehmen. Dass sie verschiedene Stimmungen haben, spüren wir meist schon beim Aufwachen. Jeder Tag hat sein eigenes Gewicht, manchmal wiegt er schwer und fühlt sich erdend an oder drückend. Manch ein Tag wirkt schon am Morgen so leicht, dass ich das Gefühl habe, fliegen zu können. Ein schwerer Tag kann manchmal leichter werden und umgekehrt. Tage haben auch verschiedene Farben, sie sind nicht nur hell oder dunkel, manchmal *gibt* es bunte, die sich besonders lebendig anfühlen, und dann zeigt sich ein Tag blass oder farblos, grau oder schwarz. Unsere Seele schwingt mit diesen Farben mit, diese Farben sind unsere individuellen Empfindungen.

Ja, und die Tage können auch klingen – manche pfeifen oder zwitschern, andere singen klar und hell, brummen tief wie ein Kontrabass, posaunen laut oder sind einfach stumm.

Lass Dich doch einmal auf den Gedanken ein, dass nicht nur unsere üblichen Beschreibungen richtig sind, sondern, dass Du für Dich stimmige Bilder finden kannst, mit denen Du Deinen Empfindungen Ausdruck verleihst. Spür immer wieder in Dich hinein – wie erlebst Du Deinen heutigen Tag? Wie fühlt er sich an, welche Farbe würdest Du ihm geben, welchen Klang? Schwingt er in der Melodie Deiner Seele oder nimmst Du eher schräge Töne wahr? Was macht es mit Dir, wenn Du ihn bildhaft beschreibst, was verändert sich für Dich?
Wenn ich zum Beispiel meinen heutigen Tag beschreiben soll, so ist er hellblau und leicht. Er singt und zwitschert wie junge Vögel im Nest und berührt mein Herz auf besondere Weise, kann ich doch meine Flügel spüren und den sanften Wind, der mir Mut macht, sie auszubreiten.

Lebenskunst besteht darin, dass wir in der Gegenwart *sind,* offen für alles. Ein einziger Augenblick kann den Bann der Zeit brechen: Wir treten aus unseren Gedanken heraus und sehen die Sonne im Tautropfen gespiegelt, spüren den warmen Regen auf unserer Haut, schmecken die zarte Süße einer reifen Erdbeere.

»Achte gut auf diesen Tag,
denn er ist das Leben –
das Leben allen Lebens.
In seinem kurzen Ablauf liegt alle
Wirklichkeit und Wahrheit des Daseins,
die Wonne des Wachsens,
die Größe der Tat,
die Herrlichkeit der Kraft.
Denn das Gestern ist nichts als ein Traum
und das Morgen nur eine Vision.

Das Heute jedoch, recht gelebt,
macht jedes Gestern
zu einem Traum voller Glück
und jedes Morgen
zu einer Vision voller Hoffnung.

Darum achte gut auf diesen Tag.«

Rumi

So vieles in unserem Leben hat etwas Gehetztes, Eiliges, Gestresstes und Angespanntes. Zu viel Beschäftigung mit Organisation und Planung, mit Vergangenheit und Zukunft geht auf Kosten der Lebendigkeit der unmittelbaren Gegenwart. Warum verrinnt die Zeit manchmal viel zu schnell und dann wieder vergeht sie gar nicht? Wir bekommen alle jeden Tag 24 Stunden Zeit geschenkt, doch wir betrachten sie sehr unterschiedlich – sie schleicht, bleibt stehen und rennt uns dann davon. Sie arbeitet für uns, rast vorbei oder verfliegt, lässt sich totschlagen oder wir möchten sie anhalten, manchmal ist sie noch nicht reif und angeblich heilt sie alle Wunden.

Es war einmal eine Zeit, in der wir nicht waren, und es wird die Zeit kommen, wo wir nicht mehr sind.

Gehen wir richtig um mit diesem begrenzten Gut?

»Es ist nicht zu wenig Zeit, die wir haben, sondern es ist zu viel Zeit, die wir nicht nutzen«, befand der römische Philosoph Seneca.

Womöglich sind wir es selbst, die allzu verschwenderisch oder gedankenlos mit unserer Zeit umgehen. Zeit ist eine Maßeinheit, mit der wir dem Leben zeigen, was uns wirklich *wirklich* wichtig ist. Am Ende des Tages zählen in Wahrheit doch meist die Augenblicke, die wir mit Menschen geteilt haben, die uns am Herzen liegen. Oder aber die Zeit, die wir bewusst mit uns selbst verbracht haben, denn die Zeit gehört nur uns, sie ist unser Leben. Gelingt es uns, den Großteil unserer Lebensstunden für das zu nutzen, woran wir Freude haben, das uns bereichert und lächeln lässt, sind wir in Balance, im Einklang mit uns selbst, denn das Leben wohnt im Herzen.

Wenn wir uns über den Wert eines Augenblicks im Klaren sind, wollen wir ihn umso genauer erspüren, auskosten und stellen alle unsere Sinne auf Empfang. Wir spüren die Sehnsucht nach Entschleunigung, nach Innehalten, nach »alle Zeit der Welt haben«. Es tut unserer Seele so gut, einmal nichts zu tun, einfach im Augenblick zu *sein*, zu schauen, zu horchen, die Seele baumeln zu lassen, absichtslos.

Dem Glücklichen schlägt keine Stunde, er braucht keine Uhr. Das Glück liegt im Augenblick, im Innehalten, in der Ruhe ungenutzter Zeit, im Freiraum der Muße, darin einfach nur zu *sein*, einfach nur zu leben, mit der Chance auf Erfüllung.

> *»... wir lassen alle Uhren zerschlagen, alle Kalender verbieten und zählen Stunden und Monde nur nach der Blumenuhr, nach Blüte und Frucht.«*

Georg Büchner (aus: »Leonce und Lena«)

Muße, die absichtslos verbrachte Zeit, war bei den alten Griechen ein Merkmal eines freien Menschen, der sich Zeit lässt, die Wahrheit der Welt zu erkennen, der die Haltung des Geschehenlassens einnimmt und der Ruhe. Muße zu haben gilt heute als Luxus. Müßiggang und »dolce far niente« (aus dem Italienischen: das süße Nichtstun) kommen uns immer mehr abhanden in unserer Leistungsgesellschaft, in der die Formel Zeit = Geld entstanden ist. Das Leben dreht sich um Effizienz, Produktivität und Erfolg, dabei verlernen wir auf unsere eigene Zeit zu hören. Wir spüren keine *leere* Zeit mehr, weil wir sie immer füllen. Wir lenken uns ab, damit uns nicht langweilig ist. Es gibt fast keine Zeit und keinen Ort mehr, an dem wir uns nicht ablenken können. Langeweile bedeutet aber, sich selbst besonders stark wahrzunehmen und zu erleben, sie auszuhalten lohnt sich! Die innere Zeit ist gleichsam der Puls unserer Seele.

Es fällt uns schwer, einfach nur zu warten, bis wir an der Reihe sind, bis der Bus kommt oder wir das bekommen, was wir möchten, ohne dabei unruhig zu werden. Wie lange muss man aber warten? So lange, wie es nötig ist, sagen die Chinesen. Sie sind Meister des Wartens auf den richtigen Augenblick, denn sie glauben, dass das Warten selbst erst diesen Augenblick erschafft. Eine künstliche Verkürzung dieser Phase des Reifens sei so unsinnig wie das vorzeitige Ernten unreifer Früchte.

Die Zeit des Wartens sind Augenblicke, Minuten oder auch Stunden der Ruhe, des Stillstands, in denen Reflexion möglich ist, Einkehr.

Die Seele braucht ihre Zeit, so wie die Erde 24 Stunden braucht, um sich einmal um die eigene Achse zu drehen, oder 365 Tage, um die Sonne zu umrunden. Die Seele braucht Pausen, in denen die Gedanken schweifen dürfen, in denen Bilder entstehen können, die mit Sorgfalt betrachtet, verinnerlicht werden möchten. Pausen sind keine verlorene Zeit, sondern Phasen des Innehaltens, Zwischenzeiten, in denen viel Neues entstehen kann. Pausen sind wie Leuchttürme, die uns davor bewahren, an den Untiefen unserer Geschwindigkeit zu scheitern, und schenken uns eine Ahnung von dem, was uns nach dem Innehalten erwartet. Solche Aus-zeiten, Perioden des Loslassens, sind wichtig, denn unser Körper, unser Geist haben ihren eigenen Rhythmus, auf den wir hören und dem wir uns anpassen sollten.

»Zeit ist blau, wenn sie mal Pause macht«, sagte Nietzsche – warum nicht öfter einmal »blau« machen? Pausen haben ja verschiedene Größen: Atempausen, Denkpausen, Kaffeepausen, Winter- und Sommerpausen, Sendepausen, Babypausen … eine kleine Mittagspause tut schon unendlich gut. Unsere wichtigste Pause aber hat der heilige Franziskus »großer Bruder Schlaf« genannt, sie schenkt unserem Körper Erholung und unserer Seele Raum für Träume.
Wenn die Seele genährt ist, bekommt unser Alltag Farbe und Freude.

Eine Mango reift nicht über Nacht, sagt man in Indien. Ein Musikstück wird nicht schöner, indem man es schneller spielt, Geschichten brauchen ihre Zeit, um erzählt zu werden. Man muss sich die Zeit nehmen, die man braucht.

Die Zwischenräume
sind der wahre Zauber.
Das sind
die magischen Momente zwischendurch,
fast unbemerkt.
Das sind
die Lücken zwischen den Gedanken.
Das sind
die Atemräume
zum Wieder-zu-sich-Finden.
Das Gleiten
zwischen Sein und Nichts.
Das schlichte Weiß
zwischen all der bunten Vielfalt der Tage.
Der tiefblaue Himmel
zwischen den Zweigen.
Die Wolken, die vorüberziehen.
Der stille Augen-blick
zwischen heute und morgen.
Zwischen eben und gleich.
Zwischen tun und sein.
Also ganz einfach

das JETZT!

Wo bleibt unsere Zeit eigentlich?

In »Momo«, dem Roman von Michael Ende, geht es um die grauen Herren, die den Menschen die Zeit stehlen und behaupten, dass zum Beispiel Freunde vergeudete Zeit seien. Sie machen Vorschläge, wie man Zeit einsparen könne. Was die Menschen aber nicht wissen: Die gesparte Zeit ist für immer verloren! Alle Zeitsparer in »Momo« haben zwar mehr Geld, aber verbitterte Gesichter, denn sie feiern und träumen nicht mehr. Am Ende findet das kleine dünne Mädchen in der alten Männerjacke – Momo – Meister Hora. Er verrät ihr, wie sie die geraubte Zeit befreien und damit die Welt retten kann – indem sie langsam wie eine Schildkröte geht, als hätte sie alle Zeit dieser Welt.

Als kleine Kinder hatten wir Lust, die Welt in all ihren Details zu entdecken, in kleine Ritzen zu schauen, in hohle Nussschalen und Baumlöcher. Wir berührten die Erde und alles, was am Boden lag, wir nahmen alles in den Mund und probierten es aus. Kinder brauchen Langsamkeit, um sich entfalten zu können, Erwachsene bringt sie in den Augenblick zurück.

»Die Zeit vergeht nicht schneller als früher, aber wir laufen schneller an ihr vorbei«, erkannte der britische Autor George Orwell. Wir können das ändern, indem wir uns über den Wert des Augenblicks im Klaren sind, denn das Glück liegt im JETZT. Wenn es uns gelingt, durch Achtsamkeit und Meditation regelmäßig in die Lücken zwischen unseren Gedanken zu gehen und damit in einen Bereich zu gelangen, der jenseits von Raum und Zeit liegt, sind wir gegenwärtig und frei. Dieses Gleiten zwischen Sein und Nichts, die Erfahrung der Ausdehnung der Zeit, hilft uns dabei, loszulassen und wirklich frei von allem Tun zu sein. Diese innere Freiheit schenkt uns das Gleichgewicht zwischen der äußeren Zeit und dem Puls unserer Seele.

Die Lösung ist eigentlich einfach: die Aufmerksamkeit nur auf eine Sache richten, eins nach dem anderen tun statt zwei Dinge gleichzeitig. Achtsam sein ist heilsam. Wenn wir einige Schritte zurücktreten, innehalten, beobachten, was in uns und um uns herum geschieht, und uns die Zeit nehmen, uns einer Sache bewusst und mit ganzem Herzen zu widmen, dann geschieht Achtsamkeit. Dann erfahren wir Entschleunigung und spüren die Essenz. Das ist das Geheimnis von Tiefenentspannung und Yoga, von Atemtechniken und Meditation, das ist das Geheimnis des Buddhismus.

Immer mehr lebe ich bewusst in zwei Welten – in der einen plane und organisiere ich und habe ein ziemlich gutes Zeitmanagement.
In meiner anderen Welt lasse ich mich immer wieder aus der Zeit fallen, lasse ich einfach die Uhren anders ticken. Ich gleite in die Zeit, ich tauche in sie ein wie in Wasser, es geht dann nicht mehr um das Außen und darum, zu funktionieren und Erfolg zu haben, sondern es geht um mein Innen und darum, intensiv zu leben. Ich halte inne und erfühle, wie es mir gerade geht, ich spüre, was mir fehlt und was mir guttut, und das sehr bewusst. Dort vergeht die Zeit nicht, sie ist einfach *da*.

Das »Weltenwandern« fühlt sich für mich gut an. Es bereichert mich, mich auf diese andere Form der Wahrnehmung einzulassen und zu erkennen, dass es mehr gibt als das »Normale«. Es gibt eine Wahrheit, die der Verstand nicht findet, nur die Seele kann sie erspüren.

»Die Zeit, die ist ein sonderbares Ding.
Wenn man so hinlebt, ist sie rein gar nichts. Aber dann
auf einmal, da spürt man nichts als sie: sie ist um uns
herum, sie ist auch in uns drinnen. In den Gesichtern
rieselt sie, im Spiegel da rieselt sie, in meinen Schläfen
fließt sie. Und zwischen mir und Dir da fließt sie wieder.
Lautlos, wie eine Sanduhr.«

Hugo von Hofmannsthal (aus: »Der Rosenkavalier«)

»Probier's mal mit Gemütlichkeit«, singt der dicke Bär Balu in dem Film »Das Dschungelbuch« und wie recht er doch hat! Ab und zu nichts tun, müßig sein, mag objektiv betrachtet »nicht viel bringen«, macht aber einfach glücklich ohne Ziel und Hintergedanken.

Muße lässt sich nicht per Knopfdruck einschalten, aber wir können offen sein für sie. Muße geschieht, wenn wir vom Tun ins Sein kommen, wenn wir uns dem Druck der Zeit entziehen und dies als angenehm empfinden. Wenn wir ganz im Augenblick sind und keinem Ziel hinterherrennen. Muße führt uns zu innerer Ruhe. Unser Geist braucht diese Ruhe, um ausgeglichen, um kreativ zu werden, unsere Seele braucht sie zum Tagträumen und für ein positives emotionales Erleben. Durch Achtsamkeit können wir die Muße einladen, denn ihr Fokus liegt auf dem JETZT und sie wertet nicht.

Alles, was geschieht, ist in Ordnung. Es geht allein um das Gewahr-Sein, das In-Kontakt-Sein mit dem Körper und mit allen Sinnen und dem, was der Geist gerade tut. Müßiggang schenkt uns viel Freiheit, führt zu einem inneren Sich-Freimachen von Zwängen und lässt uns aus unserem Herzen heraus leben. Es tut so unendlich gut, manchmal einfach nur zu *schauen,* Löcher in die Luft zu starren oder die Augen zu schließen und in die innere Bilderwelt abzutauchen. Überall in der Natur fällt es leicht, sich der Muße zu öffnen, bei einem Waldspaziergang oder beim Im-Gras-Liegen und In-den-Himmel-Schauen, beim Schmetterlingebeobachten, wie sie über die duftenden Blüten gaukeln, beim Steinesammeln. Auch weite Räume, wie Kirchen und Museen, laden zu Mußestunden ein. Wir entdecken die Pausen, wenn wir ruhig werden, innehalten, wir nehmen die Zwischenräume wahr im Tun und im Denken, werden mit Stille vertraut und können uns wegträumen wie die Kinder.

Als kleines Mädchen bin ich so gerne auf meiner Schaukel gesessen und habe mich endlos in den Himmel hineingeschaukelt. Oder ich habe versonnen Sand durch meine kleinen Finger rieseln lassen, immer und immer wieder. Ein Kind weiß nichts von vergehenden Stunden. Es schaut und schaut. Es scheint im Spiel versunken weit weg zu sein und doch nah bei sich selbst.

»Der Mensch ist nur da ganz Mensch, wo er spielt«, philosophierte der Dichter Friedrich Schiller. Er hatte Recht! Wir sollten viel mehr spielen und dabei die Zeit vergessen, denn es beflügelt die Fantasie und bringt uns in den Augenblick.

Warum nicht einfach nur mal ...

- auf einem Stück Asphalt mit Kreide ein Spielfeld aufmalen, einen flachen Stein nehmen und »Tempelhüpfen« spielen
- im hohen Gras liegen und den Wolken nachschauen
- einen bunten Strauß aus Blumen und Gräsern pflücken
- an einem Kaleidoskop drehen
- eine Katze streicheln
- auf eine Schaukel setzen und himmelhoch fliegen
- am See flache Steine sammeln und sie übers Wasser springen lassen
- in einen Liegestuhl legen, hinaufschauen zum Blau und die Gedanken Drachen steigen lassen in den Himmel hinein
- nachts in den Sternenhimmel schauen
- sich ein kleines Mittagsschläfchen gönnen
- Tagträumen
- sich in der Dämmerstunde hinsetzen und in Stille die Dunkelheit einziehen lassen

Im »Kindermodus« ist alles möglich, in diesem Zustand sind die Grenzen zwischen dem, was so wichtig und ernsthaft, und dem, was völliger Nonsens ist, fließend.

Oft beruht unsere Müdigkeit einfach darauf, dass wir unser Gehirn und unser Nervensystem viel zu selten in Ruhe lassen, dass es uns schwerfällt ohne Ablenkung auszuruhen. Holidays könnten wieder zu *holy days* werden, zu heilsamen *heiligen* Tagen, wenn wir innehalten statt durchhalten, wenn wir überflüssiges Wollen und Sollen sein lassen, wenn wir uns fallen lassen in die Tiefen des Augenblicks.

Indem wir uns be-sinnen, laden wir uns wieder auf – »se ressourcer« ist ein französisches Verb, das mit »sich be-sinnen, zu seinen Wurzeln und zum Wesentlichen zurückfinden, sich aufladen« übersetzt wird, »source« heißt auf Deutsch »Quelle«. Halte inne und suche Inhalt, verbinde Dich mit Deiner Quelle und besinne Dich.

Diese Fragen mögen Dir dabei hilfreich sein:

- Wo ist die Quelle meiner Kraft, meines Wohlbefindens?
- Wo bin ich im Einklang mit mir?
- Höre ich die Pausen zwischen den Noten in der Musik?
- Kann ich das Ausatmen, das Ruhen, den Schlaf so wertschätzen wie das Einatmen, die Tat und das Wach-Sein?
- Halte ich Stille aus?
- Lebe ich im Einklang mit der Natur? Halte ich mich im Freien auf, ohne Leistungen zu vollbringen?
- Wann habe ich das letzte Mal die Wolken am Himmel vorbeiziehen sehen?

Es muss ja nicht gleich ein ganzer Tag sein, aber ein regelmäßiges »Power off« wäre sehr heilsam für unser Körper-Geist-Seele-System. Dazu könnten wir in regelmäßigen Abständen testen, wie lange wir es ohne Smartphone und Laptop aushalten. Schalt immer wieder ganz bewusst ab, geh auf allen Ebenen »offline« und beobachte, was dann in Dir vorgeht. Macht Dich diese Abstinenz unruhig oder bist Du erleichtert? Mach Dir bewusst, wie dominant diese Geräte Dein Leben inzwischen bestimmen, wie oft Du Deine Mails oder Dein Handy nicht aus Dringlichkeit checkst, sondern aus dem Bedürfnis nach Kontakt zum Leben. Diesen bekommst Du auch anders: Ein Spaziergang ohne Handy, keine beruflichen Mails am Wochenende, WLAN ausschalten über Nacht – all das könnten Maßnahmen sein, öfter zu sich selbst und zum *echten* Leben zurückzukehren.

Wenn wir uns nicht ablenken lassen von »allem Möglichen«, sondern immer wieder innehalten, die Ruhe bewusst suchen, uns auf das *Jetzt* einlassen und uns Zeit nehmen, im Alltag achtsamer und gelassener zu sein, werden wir mit einer neuen Lebensqualität beschenkt werden.

Still werden,
ganz still werden
und auf die Bilder warten,
die manchmal scheu sind
wie Tiere

Einfach DA sein

ganz ruhig warten
absichtslos
und beglückt staunen
wenn sie erscheinen.

Wenn man die Stille schätzt, ist sie keine vergeudete Zeit. In Indien erlebe ich oft, dass Freunde einander besuchen, um einfach nur dazusitzen und gemeinsam zu schweigen. Dabei fühlen sich alle wohl, was mich anfangs erstaunt hat. Manchmal hält die Stille an, bis es Zeit ist, den Besuch zu beenden, manchmal entsteht ganz plötzlich eine lebhafte und oft sehr lustige Unterhaltung.

Dasitzen und schweigen, der Stille eine Chance geben, sich überraschen lassen von Augenblicken des »scheinbaren Nichts« und spüren, wie das Schweigen der Seele die Möglichkeit gibt, sich auszudrücken. Wir alle haben schon erlebt, dass wir uns mit Menschen besonders wohlfühlen, mit denen wir auch schweigen können, ohne dass es bedrückend oder peinlich wird. Vielleicht sollten wir das Schweigen mit diesen Menschen immer wieder bewusst zelebrieren und sehen, was dann geschieht. Vielleicht werden wir ja jenseits aller Worte überrascht, von der Zeit und vom Leben ... und das tut unseren unruhigen Herzen so gut ..., denn eines der kostbarsten Dinge, die wir mit anderen teilen können, ist Stille. Gemeinsames achtsames Schweigen kann ein wunder-volles, heilsames und verbindendes Erlebnis sein.

»Die größten Ereignisse sind nicht unsere lautesten, sondern unsere stillsten Stunden«, sagte der Philosoph Friedrich Nietzsche. Und tatsächlich ist Stille unsere Seelenmedizin, denn erst in der Stille des gegenwärtigen Augenblicks können wir das Leben in seiner unendlichen Vielfalt und Tiefe wahrnehmen. Nur dann kommt unser Geist zur Ruhe, nur dann hören wir den Ruf des ewigen Seins, der uns nach Hause zurückbringt – in unsere Mitte.

In solch besonderen, kostbaren Augenblicken bekommen wir eine Ahnung von der Dimension der Zeitlosigkeit. Wir tauchen ein in diesen heiligen Raum der Gegenwärtigkeit, wo kein Denken ist, sondern nur Fühlen, und erfahren die Leichtigkeit des Seins. Dann sind wir frei und offen für die Wunder des Lebens. Groß ist unsere Sehnsucht nach Stille, lehrt sie uns doch, bei uns zu sein und zu betrachten, ohne gleich zu werten, und die Dinge so anzunehmen, wie sie sind.

Achtsamkeit ist das Tor zur Stille, an dem wir innehalten und schweigen, um zu horchen und so den Raum für kraftvolle, heilende Stille zu schaffen, damit wir in unsere eigenen Träume und Ziele hineinwachsen können. Denn nicht nur der äußere Lärm setzt uns zu, es ist ebenso schwierig, die innere Geräuschkulisse unserer Gedanken zu bändigen. Wir brauchen diese innere Stille, die uns hilft, die wunder-vollen Laute des Lebens zu erfahren und in ihre magischen Klangwelten einzutauchen. Wir müssen still werden, wollen wir den Ruf unseres Herzens aus der Tiefe hören.

Doch wie viel Raum geben wir der Stille, wie oft nehmen wir uns wirklich Zeit für sie? Wie schnell lenken wir uns ab mit Handy oder TV, wie gerne überspielen wir das Gefühl innerer Leere mit Musik oder belanglosen Gesprächen? Diese Form der »Nahrungsaufnahme« tut uns nicht gut. Wir müssen lernen, unsere innere Zeitung wegzulegen, um Frieden, um innere Stille zu finden und mit ihr eins zu werden.

Achtsamkeit ist der Schlüssel dazu. Es geht darum, die Augenblicke, die uns geschenkt werden, bewusst zu leben und bei allen Tätigkeiten möglichst präsent zu sein. Nach dem Motto: »Wenn ich Reis wasche, wasche ich Reis.«

Shavasana – vollkommen zur Ruhe kommen

Nur wenn wir achtsam mit uns selbst umgehen, können wir bewusst aus unserer Mitte heraus handeln. Nur dann sind Körper, Seele und Geist im Einklang. Eine einfache Yogaübung kann uns dabei helfen, ganz im Hier und Jetzt, bei uns, anzukommen.

- Such Dir einen schönen Platz, an dem Du Ruhe findest und breite eine Matte oder Decke aus, auf der Du bequem liegen kannst.
- Mach es Dir in der Rückenlage bequem, streck die Beine aus und leg die Arme locker seitlich neben den Körper, die Handflächen zeigen nach oben.
- Schließ die Augen, entspann das Kiefer und lass das Gewicht Deines Körpers in die Unterlage sinken.
- Spür das Kommen und Gehen Deines Atems und lass mit jedem Ausatem alle Anspannung und Unruhe zur Erde hin abfließen.
- Stell Dir vor, wie alle Gedanken, alle Sorgen ganz langsam nach unten sickern und verschwinden – spür die Erleichterung, die dadurch entsteht, und die tiefe Entspannung, die sich nun ausbreitet.
- Entspann Deinen Geist zur Erde hin, lass Dich still werden und verweile in dieser wachen Ruhe, solange Du Dich wohlfühlst.
- Um diese Entspannungshaltung zu verlassen, nimm einen tiefen Einatemzug und roll Dich für einige Atemzüge zur rechten Seite, bevor Du Deine Augen öffnest und langsam wieder hochkommst.

Wir sind daran gewöhnt, dass sich unser Geist in einem permanenten Fluss befindet, dass ein Gedanke den nächsten ablöst, ja, dass unsere unruhigen Gedanken manchmal sogar springen, sich überschlagen. Im Buddhismus spricht man vom »monkey mind«, dem »Affengeist«, der nur schwer zu zähmen ist. Wie gut tut es, einfach mal in Ruhe gelassen zu werden von dem ewigen Geplappere, den Fluss zu unterbrechen, einen Augenblick ohne Gedanken zu erhaschen und Geist und Seele kurz durchatmen zu lassen! Diese Idee liegt jeder Form der Meditation zugrunde, je öfter wir sie üben, desto rascher finden wir diese Inseln der Ruhe.

Versuch einmal, Dich still hinzusetzen – gleichgültig in welcher Haltung –, die Augen zu schließen und ruhig und gleichmäßig zu atmen. Beobachte Deine Gedanken und versuch, den Augenblick abzuwarten, in dem ein Gedanke vorübergezogen ist und der nächste noch nicht da ist. Nimm die wundervolle Leere und Stille dazwischen wahr, diesen magischen Zwischenraum, der auf dem Grund Deiner Seele liegt, wie ein versunkener Schatz. Wenn es Dir gelungen ist, alle inneren Geräusche abzustellen, wirst Du immer deutlicher einen Ruf aus der Tiefe hören – den Ruf Deines Herzens.

Hör ihm zu und versteh, dass Du in diesem Augenblick alles besitzt, um glücklich zu sein. Wenn Du einmal diese Erfahrung gemacht hast, wirst Du sie immer wieder erleben wollen.

»Es gibt eine Stille, in der man meint, man müsse die einzelnen Minuten hören, wie sie in den Ozean der Ewigkeit hinuntertropfen.«

Adalbert Stifter

»Lasst uns dankbar sein für
Menschen, die uns glücklich machen –
sie sind die lieblichen Gärtner,
die unsere Seelen erblühen lassen.«

Marcel Proust

DRITTER SCHLÜSSEL

Dankbarkeit

»Wenn das einzige Gebet, das Du in Deinem ganzen Leben sprichst, ›Danke‹ lautete, dann wäre es genug«, schreibt Meister Eckhart.

Dankbarkeit ist viel mehr als ein Gefühl, es ist eher ein Sein, in dem wir eine Ahnung der Göttlichkeit erfahren, die unser Herz berührt. Wenn uns die Tiefe der Dankbarkeit erfasst, umhüllt uns gleichzeitig eine große Stille und wir spüren einen wirkenden Segen. Meist werden wir sprachlos, wenn uns das Leben mit Geschenken überrascht, über die wir nur staunen können und die es gilt dankbar anzunehmen. Wenn Dankbarkeit in uns entsteht – und das kann in jedem Moment sein –, dann schauen wir mit den Augen unseres Herzens und sind von den Wundern, die wir sehen, überwältigt. Das sind Momente gesammelter Andacht, in denen unser Herz voll Dankbarkeit überfließt, jeder Gedanke ein einziges *Danke* ist. Alles ist – einfach so, wie es ist. Einfach. Klar. Göttlich. Es ist das Herz, das betet, jenseits aller Worte. Beten, so heißt es, sei »der Atem Gottes, der zum Ursprung kehrt«. Erstaunlicherweise gibt es weltweit keine Kultur, die nicht irgendeine Form des Gebets praktiziert. Dabei geht es nicht um das Finden der richtigen Worte, es geht um die Stille, die übrig bleibt, wenn etwas Mächtigeres als unser Wort im Raum war und dieser Raum sich noch nicht wieder mit Gedanken und Worten gefüllt hat. Beten ist ein Lauschen, Spüren, Wahrnehmen, das vollkommene Sein im *Jetzt,* das keinen anderen Zustand kennt noch ersehnt, es ist etwas, das keiner Worte bedarf und das wir dennoch in Worte kleiden. Es ist das Schöpfen aus der eigentlichen Quelle des Lebens, eine Haltung des Herzens, dieses Hingeben unserer Seele – Gebet ist dankbares Leben.

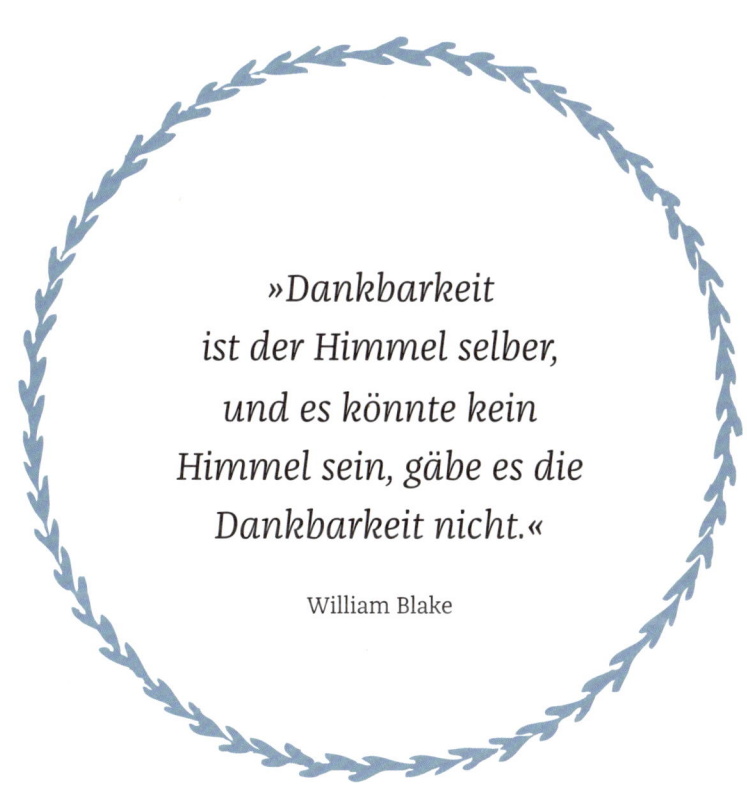

»Dankbarkeit
ist der Himmel selber,
und es könnte kein
Himmel sein, gäbe es die
Dankbarkeit nicht.«

William Blake

Überall auf der Welt ist Freude der wahre Ausdruck von Dankbarkeit. Auf meinen Reisen nach Indien und Brasilien ist mir bewusst geworden, dass die Fähigkeit, sich dankbar zu fühlen, nicht unbedingt von den Lebensumständen abhängt. Wie oft begegnen mir dort Menschen, die Freude ausstrahlen, obwohl ihnen so vieles fehlt.

Bei meinem Patenkind in Kalkutta, bei den materiell Ärmsten der Armen, durfte ich erleben, dass Dankbarkeit ein Zustand von Herz und Geist ist, der bedingungslos großzügig und offen ist und der in *diesem* Augenblick nicht von dem Wunsch belastet wird, dass die Dinge anders sein sollten. Ich bin bei meinen Begegnungen mit den Kindern dort immer wieder aufs Neue zutiefst berührt über die Freude und Wertschätzung in den großen dunklen Augen für mein *DA-sein*. Diese Freude ist ein Zeichen *echter* Dankbarkeit, sie zu empfangen, ist ein Geschenk, das in gegenseitigem Vertrauen wurzelt und sehr glücklich macht. Ein feines Lächeln, ein sanfter Händedruck, ein zartes Streicheln über mein Gesicht sind Inspiration für meine eigene Dankbarkeit. Wenn ich dann wieder zurück bin, fällt es mir viel leichter, zu erkennen, was alles in meinem Leben gut läuft, was ich alles als selbstverständlich erachte, obwohl es ein Geschenk ist.

Oft genug sind wir unzufrieden, weil wir dem Negativen und dem Unerreichten zu viel Gewicht geben, uns mit anderen vergleichen, weil wir vergessen, wie viel uns in jeder Beziehung gegeben ist. Dadurch versäumen wir so viel Schönes, Wundervolles, das uns jeden Tag geschenkt wird – die Fülle des Lebens, die uns immer wieder überrascht.

»Schaut die Lilien auf dem Felde, wie sie wachsen: Sie arbeiten nicht und spinnen nicht und sind doch schöner als Salomons schönste Kleider.«
Matthäus 6,33

Die einfachsten Dinge im Leben sind die außergewöhnlichsten, wenn wir zulassen, dass sie sich offenbaren. Dankbarkeit ist *das* Zaubermittel, das unsere Seele erblühen lässt, denn sie öffnet das Herz, stellt unsere Sinne auf Empfangen ein und verwandelt alles in ein Gefühl der unendlichen Fülle. Wenn wir unseren Fokus auf die Fülle richten, die uns immer und überall umgibt, und nicht mehr auf den Mangel, dann geschieht etwas Magisches in unserem Leben. Dankbarkeit ist das tiefe Gefühl des Erfülltseins und setzt ein vollkommenes Sich-Öffnen voraus, ein inneres Ja-Sagen zum jetzigen Augenblick und ein freudiges Annehmen dessen, was ist. Genau *jetzt* ist der Augenblick dankbar zu sein, selbst wenn einiges anders ist, als wir es uns wünschen. Das Jetzt ist immer so, wie es ist, deshalb ist es sinnvoll, uns damit anzufreunden. Wenn es uns gelingt, die Lebendigkeit dieses Moments zu sehen, zu fühlen, innerlich und äußerlich wahrzunehmen, dann kommt die Dankbarkeit von selbst.
Jeden Tag gibt es so vieles, was uns *gegeben* ist: so viele schöne Augenblicke. So viele liebe Menschen. So viele Geschenke der Natur. Wundervolle Musik oder starke Worte.
Ich lasse mich immer wieder aufs Neue überraschen und sammle alles in meinem ganz persönlichen und auch ganz geheimen Schatzbuch. Vor einigen Jahren habe ich damit angefangen: Ich habe mir ein schönes Notizbuch gekauft, in meiner Lieblingsfarbe. In meinem Schatzbüchlein sammle ich seitdem alle Geschenke meines Lebens, alles, wofür ich dankbar bin.

Ein paar Seiten sind für Menschen und Tiere reserviert, mit denen ich gerne Zeit verbringe. Meine Freunde, Familie, Verwandte, Kollegen … hier habe ich aufgeschrieben, mit wem ich mich gerne umgebe. Wer mir Kraft gibt. Wer mich zum Lachen bringt oder mit wem ich ganz besondere Gespräche führen kann. Und immer kommt jemand Neuer dazu.

Dann gibt es Seiten, auf denen ich besondere Erinnerungen festhalte. Momente, die mir in Gedanken geblieben sind. Die einfach nur schön waren oder die im Nachhinein etwas in meinem Leben bewirkt haben. Manchmal klebe ich ein Foto dazu, eine Visitenkarte oder eine getrocknete Blüte, manchmal nehme ich meine Farbstifte und zeichne drauflos.

Ein paar Seiten weiter habe ich Dinge aufgeschrieben, die ich gerne mache oder die mir einfach Spaß und Freude bereiten. Diese Seiten waren mir schon einige Male sehr hilfreich, denn sie inspirieren mich in Zeiten, die nicht so bunt sind.

In meinem Buch gibt es auch einige Doppelseiten für meine Musik. Musik, die Erinnerungen in mir auslöst. Musik, zu der ich gerne lauthals singe oder tanze. Musik, die meine Seele berührt. Musik, bei der ich träume oder die mir einfach Spaß macht. Musik für meine Atemreisen mit dem Verbundenen Atem. Eine große bunte Mischung aller Genres: von Verdis Requiem und »Air« von Johann Sebastian Bach über Herbert Grönemeyer und Italo-Sommerhits bis hin zu Gustav Mahler und George Gershwin, den Rolling Stones oder Latinorhythmen.

Es gibt so viele schöne Zitate, Sprüche und Gedichte, die Kompliziertes einfach auf den Punkt bringen. Für solche inspirierenden Texte und Worte habe ich einige Seiten reserviert. Manche schreibe ich in besonderen Schriften und bemale oder verziere sie. Auch Spruchkarten klebe ich hier ein oder einfach einen Zettel, auf dem ich schnell ein Zitat, einen Gedanken notiert habe.

In meinem kleinen Schatzbuch sammle ich auch Worte, die mir mal jemand gesagt hat. Vom positiven Feedback zu meiner Arbeit über Dankesworte und Glückwünsche bis hin zu Liebeserklärungen. Jedes noch so kleine Kompliment und herzliche Wort findet dort seinen Platz. Wenn ich manchmal darin blättere und nachlese, fällt mir auf, wie viele nette Dinge die Menschen einem eigentlich ganz nebenbei sagen. Das nährt meine Seele und tut so richtig gut.

Das kleine Büchlein wird auf diese Weise immer mehr zu einem besonderen Schatz, der viele positive Auswirkungen hat. Ich bemerke, wie ich durch dieses Buch immer mehr auf die schönen Dinge im Leben achte, den Blick auf all die kleinen Wunder richte, die sich mir jeden Tag schenken. Es ist eine wahre Fundgrube, wenn ich mal nicht so gut gelaunt bin und gar nicht so recht weiß, warum. Was gibt es da Besseres, als sich an schöne Augenblicke zu erinnern? Oder an besondere Komplimente? Oder einfach nur die eigene Kraftmusik-Playlist zu spielen?

Immer wieder mal fällt mir eine weitere »Rubrik« ein, die ich in mein Schatzbüchlein eintragen könnte, der Fantasie sind ja keine Grenzen gesetzt. Und so wird es immer vielfältiger und bunter durch all die Schätze, die ich sammle.

Mein Schatzbuch

- Geh mit offenen Augen durch Papiergeschäfte, Geschenkeläden und Buchhandlungen. Nimm Dir Zeit und lass Dich von *Deinem* Buch ansprechen. Nimm es in die Hand, schließ Deine Augen und streich mit Deinen Fingern über seinen Einband. Wenn es sich stimmig anfühlt, kauf es und leg es zu Hause an einen Ort, an dem Du es gut siehst.

- Dann warte, warte so lange, bis Dein Herz spricht und Du weißt, wie Du beginnen möchtest. Schlag das Büchlein intuitiv auf. Mag sein, dass Du es in der Mitte öffnest, mag sein, dass Du es quer nimmst oder sogar verkehrt herum. Ganz gleichgültig, denn es gehört ja nur *Dir*.

- Schreib und zeichne ganz spontan alles auf, was Dich dankbar und glücklich macht, was Deine Seele nährt.

Lass Dein Schatzbuch zu Deinem ständigen Begleiter werden, der mitwandert vom Nachtkästchen über die Couch bis ins Reisegepäck.

Wenn Du Dein Buch regelmäßig zur Hand nimmst, entwickelst Du ein Gespür für die vielen Gelegenheiten, in denen Du dankbar sein kannst. Bald wirst Du merken, dass Du viel achtsamer durch den Tag gehst, dass es Dich gelassener und tief zufrieden macht und Du viel bewusster lebst.

Dankbarkeit und Achtsamkeit sind eng miteinander verbunden, denn ohne Achtsamkeit erkennen wir nicht, was uns täglich geschenkt wird. Es braucht Übung und Beharrlichkeit. Je mehr wir es aber erkennen, desto öfter sind wir dafür dankbar.

Die Dankbarkeitshaltung ist das Bewusstsein, dass das ganze Leben Geschenk ist – jeder Augenblick ist ein gegebener Augenblick, alles ist Gabe. Das Gefühl der Freude und des Staunens steht uns in jedem Augenblick unseres täglichen Lebens zur Verfügung, wenn wir offenen Herzens sind, wenn wir unseren Blick bewusst auf die kleinen Dinge richten, die leicht übersehen werden – wenn wir uns an das Schöne und das Wunder nie ganz gewöhnen. Wie sehr kann es beglücken, den Duft von frisch geschnittenem Gras, von wilden Rosen zu riechen, dem Frühlingskonzert der Vögel zu lauschen, warme Sonnenstrahlen auf der Haut zu spüren, die erfrischende Kühle des Gebirgsbachs, die zarten Schneeflocken im Gesicht. Nichts ist selbstverständlich, alles Geschenk.

Wenn wir bereit sind, dankbar für all das Gute zu sein, das uns jeden Tag widerfährt, sind wir in Resonanz mit der Fülle. Oft ist aber unser Blick verstellt, von der »Bangheit im Herzen« blockiert und wir nehmen nur das wahr, was uns fehlt, und bewegen uns in der Spirale des »Immer-mehr-Wollens«. Umgekehrt kann es sich positiv auf unsere Gesundheit und unser seelisches Wohlbefinden auswirken, wenn wir mehr Wertschätzung in den Alltag bringen, wenn wir beginnen »Ich will« gegen »Ich bin dankbar« auszutauschen.

> *»Wer den Tag mit einem Lachen beginnt,*
> *hat ihn bereits gewonnen.«*
>
> Cicero

Gleichgültig, wie Du Dich fühlst, steh jeden Morgen auf und sei bereit, Dein Licht anzuzünden, um mit Deinem Strahlen die Welt zu verzaubern.

Kleines Morgenritual

Nimm Dir vor, jeden Tag als das zu sehen, was er ist: eine Feier Deines Lebens! Beginn jeden Morgen mit einem »Danke«, noch bevor Du die Augen öffnest. Begrüß den neuen Tag als Geschenk. Öffne Dich für ihn und all seine Möglichkeiten und lass Dein »Danke« ins Herz fließen und in jede Zelle Deines Körpers. Atme bewusst in Dein Herz hinein und spür, wie sich Deine Dankbarkeit mit jedem Einatmen noch verstärkt, bis sich ein Lächeln auf Deinem Gesicht ausbreitet. Du lebst! Du hast gerade wieder einen wundervollen neuen Tag geschenkt bekommen und Du kannst ihn frei erschaffen! Stell Dir alle Wunder vor, die Dir heute widerfahren werden, und lass die Dankbarkeit für alles, was Dir begegnen wird, in Dein Herz fließen. Dann leg die Hände auf Dein Herz, sag »Danke« und spür die Energie, die von diesem Wort ausgeht. Wenn Du später die Augen öffnest, kannst Du erfüllt und freudig in den Tag gehen und Dein Leben in vieler Hinsicht frei gestalten.

Mach Dir bewusst, dass Du in Frieden leben kannst, nimm nichts für selbstverständlich und erwarte nichts, lass Dich überraschen vom Leben!

»Wenn Du am Morgen aufstehst, dann sag Danke für das Morgenlicht, für Dein Leben und die Kraft, die Du besitzt. Sag Danke für Deine Nahrung und die Freude, am Leben zu sein. Wenn Du keinen Grund siehst, Danke zu sagen, liegt der Fehler bei Dir.«

Indianisches Sprichwort

»Dankbare Menschen sind glückliche Menschen«, sagt mein Herzensfreund, der Benediktinermönch David Steindl-Rast, und dass jeder Augenblick die Gelegenheit bietet, dankbar zu sein. Das heißt, dass wir lernen sollten, die Gelegenheit wahrzunehmen, offen zu sein für »Zufälle«, um uns daran zu freuen. Dafür müssen wir innehalten, immer wieder Pausen machen, um wach alle Sinne zu öffnen und zu schauen, zu horchen, zu fühlen. Denn es sind die scheinbar bedeutungslosen Dinge, die unser Leben bedeutungsvoll machen. Die untergehende Sonne, die den Himmel färbt, die Mohnblume zwischen den Steinen, die kleine Hand, die sich in meine legt.

Ich habe in meinem Herzen mittlerweile ein großes Bilderbuch von Augenblicken, in denen ich mich unendlich beschenkt voller Freude und Dankbarkeit gefühlt habe. Ich speichere jeden wertvollen Augenblick ganz bewusst und fest ab für Zeiten, in denen ich zweifle oder klein denke. Dann schaue ich in Gedanken diese Bilder durch, in Dankbarkeit für alles, was war. Solche Momente geben mir ein Gefühl für den Sinn und die Werte des Lebens und für den Zusammenhang von allem, deshalb versuche ich sie mit anderen Menschen zu teilen. Ich drücke es spontan mit wertschätzenden Worten aus oder ich schicke ein Foto, schreibe eine SMS, eine Karte und bedanke mich für etwas. Ich bin überzeugt, dass Dankbarkeit zu praktizieren wie liebendes Mitgefühl wirkt. Dieses tiefe Gefühl zeigt mir: Es wird mir so vieles gegeben, ich bin so reich beschenkt und spüre, dass es mir an nichts mangelt, ich kann großzügig sein!

Es beschenkt den Gebenden und den Empfangenden gleichermaßen und bereichert so die Erfahrung der Verbundenheit. Beglückt durch Dankbarkeit wächst unsere Bereitschaft, das Gute mit anderen zu teilen. So entwickelt sich ein wohlwollendes Miteinander, eine Grundhaltung, die allen Menschen zugutekommt. Geber und Empfänger werden im »Danke« eins. Wenn wir das erkennen und leben, entfacht die Dankbarkeit in unseren Herzen Wärme und Würde. Danke, mein lieber Bruder David. Danke für Dein lebendiges Vorbild und für Deine unermüdlichen Hinweise auf die Vielfalt an guten Gründen und Möglichkeiten, die Kunst der Dankbarkeit als einen Teil der Lebenskunst zu entfalten.

Zu dieser Grundhaltung gehört aber auch, sich selbst hin und wieder zu danken, denn es nährt unsere Seele auf wohltuende Weise, wenn wir erkennen, wie wundervoll unser Leben ist, wofür wir uns selbst dankbar sein können. Handgeschriebene, mit Liebe gewählte Worte tun uns besonders gut.

Wofür ich mir dankbar bin

Vervollständige den folgenden Satz, so oft du möchtest:
»Ich bin dankbar dafür, dass ich ......«

_____

_____

_____

_____

_____

_____

_____

_____

Führe diese Liste beliebig lang fort, indem Du jeden Tag alle Dinge aufschreibst, die Du wertschätzt, um so Dankbarkeit in Dein Leben einzuladen.

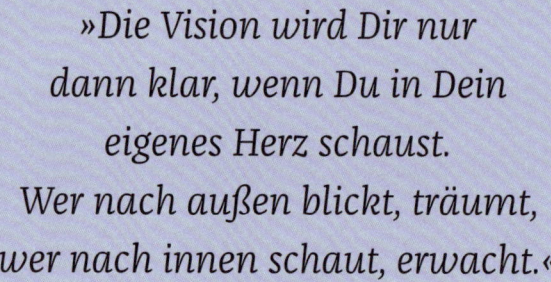

»Die Vision wird Dir nur
dann klar, wenn Du in Dein
eigenes Herz schaust.
Wer nach außen blickt, träumt,
wer nach innen schaut, erwacht.«

Carl Gustav Jung

Liebendes Bewusstsein

Nichts bleibt, wie es ist. Nichts ist so, dass es bleiben kann. Alles ist in Bewegung. Alles folgt dem Gesetz von Abschied und Wiedersehen, ohne dass eine Trennung möglich wäre. Alles Leben ist Rhythmus – allen lebenden Wesen wohnen Rhythmen inne, die wie eine kleine Schaukel jede Zelle schwingen lassen. Den Rhythmus geben die Tageszeiten und unsere Organe vor, sie spielen miteinander wie die Instrumente eines Orchesters. Jedes hat seinen bestimmten Einsatz. Könnten wir in unser Inneres horchen, würden wir eine feine Melodie vernehmen – die Melodie unseres Lebens.

Ein besonderer innerer Rhythmus ist unser Herzschlag. Er ist nicht konstant, sondern zeigt ein stetes Schwingen: Das Herz tanzt mit unserem Atem, dem Blutdruck und dem Rhythmus unserer Blutgefäße. Mit jedem Schlag unseres Herzens senden und empfangen wir verschiedene Impulse, die ein subtiles Netz bilden, in dem wir alle miteinander verbunden sind.

Hildegard von Bingen nannte das Herz das Haus der Seele und alle Urvölker haben auf ihre Weise eine heilsame Verbindung zum Herzen gesucht und gepflegt. In allen Weltreligionen wird das Herz als Seelenorgan, als das Organ der Anteilnahme und des Mitgefühls gesehen. Nur leider ist uns in der heutigen Zeit der Zugang zur Herzensbildung weitgehend verloren gegangen. Wir verwenden die alten Volksweisheiten, wenn wir etwas auf Herz und Nieren prüfen, ein Herz und eine Seele sind oder unser Herz erleichtern. Wir wissen, was es bedeutet, sein Herz zu verschenken, ein schweres Herz zu haben, sich ein Herz zu fassen oder sich im Herzen getroffen zu fühlen. Manchmal fällt uns das Herz vor Schreck in die Hose oder es klopft vor Aufregung bis zum Hals, doch in Wahrheit hören wir viel zu wenig auf unser Herz. Es ist oft ein sehr langer Weg, der vom Verstand zum Herzen führt, obwohl die Entfernung zwischen Gehirn und Herz nur etwa 50 Zentimeter beträgt. Natürlich geht es nicht um die Strecke zwischen den beiden Organen, sondern um unser Vermögen, die Entscheidungen unseres Verstandes mit dem Herzen in Einklang zu bringen. Wissenschaftler des Institute of HeartMath® haben ermittelt, dass sich der Herzrhythmus von Testpersonen sofort verändert, wenn sie sich auf ihr Herz konzentrieren und positive Grundgefühle wie Liebe, Wertschätzung und Mitgefühl aktivieren.

Wir denken, dass wir mithilfe unseres Bewusstseins alles kontrollieren können, nach Ansicht der Forscher ist aber unser Herz viel weiser, sie sprechen daher von der sogenannten Herzintelligenz. Tatsächlich ist unser Herz eine Quelle der Weisheit, es hilft uns bei allen wichtigen Entscheidungen und schlägt Alarm, wenn wir den falschen Weg einschlagen. Offensichtlich ist unser Herz ein wesentlich intelligenteres, komplexeres System, als man bisher angenommen hat, denn die im Herzen getroffenen Entscheidungen können die Art, wie unser Gehirn Informationen wahrnimmt und verarbeitet, direkt beeinflussen. Daher ist es durchaus sinnvoll, zu tun, was unser Herz uns sagt!

»Unter allen Besitzungen der Erde ist die, ein Herz zu haben, die kostbarste.«
Johann Wolfgang von Goethe

Urprinzipiell ist unser Herz der Sonne zugeordnet, wer nach Herzens Lust lebt, wird selten herzkrank. So wie die Sonne unsere Erde vor Kälte bewahrt, könnten auch wir jene Wärme spenden, die wir alle so dringend benötigen – Liebe, Mitgefühl, Güte, Menschlichkeit.

Barmherzigkeit geht noch einen Schritt weiter, sie beschränkt sich nicht auf die geistige Anteilnahme. Barmherzigkeit ist die größte Gabe, die man einem Lebewesen in Not darbringen kann, ohne langes Nachdenken oder Zögern. Barmherzigkeit ist ein wesentlicher Teil der Nächstenliebe, sie ist verbindendes Bewusstsein und Liebe, die von Herzen kommt, gleichsam die Essenz des Menschlichen – indem wir Hilfe geben, büßen wir nichts ein, sondern gewinnen Liebe und Erfüllung. Es ist an der Zeit, uns nicht von der Unbarmherzigkeit und Härte dieser Welt einschüchtern zu lassen, sondern unsere Herzenswärme zu bewahren. Und ganz wichtig: Wir müssen daran festhalten, wir sollten *immer* den Weg des Herzens wählen!

Wir sollten ein großes Herz haben, das Lebensfreude und Herzenswärme spendet, das uns lehrt, wie man ein bedingungsloses *Ja* zu sich selbst und zum Leben überhaupt sagen kann. Wenn wir alle Ausdrucksformen unseres Bewusstseins nutzen, indem wir unsere Herzen in Liebe öffnen, gute Gedanken denken und unsere Kreativität leben, beginnen die Klarheit des Bewusstseins und die Stimme des Herzens miteinander zu schwingen.

Dann vereint sich Weisheit mit Liebe und wir beginnen mit dem Herzen zu denken. Das physische Herz ist unser Zentrum und befindet sich dort, wo wir hinzeigen, wenn wir *Ich* sagen – symbolisch steht es für reine Liebe, sowohl zu uns selbst als auch zu anderen Lebewesen. Es ist aber kein statisches Symbol, es ist lebendig und dynamisch, es ist der pulsierende Kern unseres *Seins*. Herz bedeutet jenes Zentrum, in dem Geist und Körper, Intellekt und Gefühle, Vergangenheit und Zukunft eins werden.

Das Pulsieren unseres Herzens verbindet uns mit der universellen Energie: bum bum, bum bum – ich bin, ich bin ... dieser Impuls ist in unserem Puls zu spüren. Wenn wir regelmäßig meditieren und unser Denken immer wieder auf unseren Herzrhythmus legen, können wir unsere Konzentration nach innen richten und liebevolles Verstehen entwickeln. Dann sind unsere Gedanken klar.

Jeder sollte die Form der Meditation wählen, die ihm am meisten liegt. Gleichgültig, ob in stiller Kontemplation des Zen und der Achtsamkeitsmeditation oder in der Bewegung des Qigong, des Yoga oder des Drehtanzes der Sufis, Heilung geschieht immer über Schnittstellen zwischen Seele und Körper, ob wir über den Atem unser Herz beruhigen oder in der Natur zu uns finden – voller Sehnsucht wartet die Seele auf die Umarmung mit dem Körper. Wer ganz bei sich ist, hat Frieden und ist still, wie ein gestilltes Kind.

Zu allererst besteht die Kunst darin, unserem Herzen zu lauschen, herauszufinden, was es uns sagen möchte, und dann auf seine Wünsche und Bedürfnisse einzugehen.

Herzensmeditation der Liebenden Güte

In dieser Meditation richten wir unsere Aufmerksamkeit auf das innere Aussprechen von Wünschen, die wir an unser Herz richten. Dadurch lernen wir auch seine Wünsche besser kennen und heilen unser Herz, indem wir mitfühlend lauschen, sodass die Herzensenergie frei fließen kann.

Die »Meditation der Liebenden Güte« kommt aus dem Buddhismus und wird auch Metta-Meditation genannt, Metta bedeutet so viel wie »Herzenswärme oder liebevolle Güte«. Buddha sagt: »Durchsuche das Universum nach einem Wesen, das Deine Liebe und Zuneigung mehr verdient als Du, Du wirst es nirgends finden!«

Tatsächlich sollte die Praxis des Mitgefühls bei uns selbst beginnen, bevor wir sie auf andere Lebewesen ausdehnen, denn wir sind erst dann für andere hilfreich, wenn wir uns selbst lieben können.

- Find einen Ort, an dem Du Dich wohlfühlst und ungestört sein kannst. Setz oder leg Dich entspannt hin und schließ Deine Augen. Spür hin zu Deinem Atem, dem sanften Kommen und Gehen Deiner Atemzüge und lass mit dem Ausatem los von allem, was Dich noch beschäftigt.

- Mach Dir bewusst, dass Du in diesem Augenblick beschützt und gut aufgehoben bist, getragen und gewiegt im sanften Kommen und Gehen Deines Atems, und lass Ruhe einkehren.

- Spür nun zu Deinem Herzraum hin, zu dem Bereich in Deiner Brust, wo Dein Herz zu Hause ist, und stell Dir vor, Deine Aufmerksamkeit wirkt wie wärmendes Licht, das Dein Herz liebevoll einhüllt, sodass es sich wohlig geborgen fühlen kann, ja vielleicht in dem warmen Licht baden und größer werden kann und auch weiter …

- Und wenn Du bereit bist, dann sprich mit Deiner liebevollen inneren Stimme bewusst und langsam den ersten Wunsch der Herzensmeditation:
  »Möge ich glücklich sein.«
  Mach eine kurze Pause und sprich den Wunsch fünfmal …
- Spür hin zu Deinem Herzen, wie es sich jetzt anfühlt, und beginn den zweiten Wunsch zu sprechen:
  »Möge ich sicher sein« in einem ganz ruhigen Rhythmus fünfmal hintereinander …
  Stell Dir vor, Deine Wünsche sind Samen, die Du in Dein Herz und in Deinen Geist säst, wie Blumensamen in die Erde, anstelle von Sonnenblumen sind es Samen von Glück, Gesundheit und Frieden.
- Sprich nun den dritten Herzenswunsch aus:
  »Möge ich gesund sein« und wiederhole auch ihn ganz langsam fünfmal.
  Atme ruhig, vertraue darauf, das wachsen wird, was Du säst, und lass Deine Wünsche tief in Dein Herz sinken. Mach Dir bewusst, dass Du alles hast, was Du brauchst, um Herzenswärme und liebevolle Güte zu voller Blüte zu bringen.
- Sprich nun Deinen vierten Herzenswunsch:
  »Möge ich unbeschwert leben« und mach Dir jedes Wort bewusst.
  Deinen Wunsch nach Leichtigkeit und Freiheit. Spür, wie es sich anfühlt, wenn Du heiter bist und unbeschwert, und sprich auch diesen Wunsch fünfmal …

Und dann leg eine Hand ganz sanft auf Dein Herz …
Wie fühlt es sich an, auf diese achtsame Weise zu Deinem Herzen hin zu lauschen?
Wenn Du bereit bist, dann frag jetzt: *»Mein liebes Herz, wie geht es Dir?«*,
und lausche … Lausche, was Dein Herz zu Dir spricht …

Hör die intuitiven Worte, die nach und nach kommen, und nimm alle Empfindungen und Antworten Deines Herzens liebevoll wahr und wichtig.

Sag immer wieder leise im Geiste »*Mein Herz, mein liebes Herz …*«

Spür dabei das sanfte Kommen und Gehen Deines Atems und freu Dich daran, lebendig zu sein, beschenkt mit so einem wundervollen Herzen!

Immer dann, wenn uns Gefühle der Unzulänglichkeit und Unzufriedenheit überwältigen, sollten wir diese Sätze wiederholen.

Unser Vertrauen auf die Weisheit unseres Herzens wächst so mit jedem Moment der Achtsamkeit. Eine der größten Qualitäten des Herzens ist das urteilslose Annehmen dessen, was *ist* – das Urteil kommt vom Verstand. Das Herz weiß es besser als wir, außer wir sind *eins* mit ihm. Eine liebevolle Haltung uns selbst und anderen gegenüber schützt uns vor schnellen Urteilen, die uns dazu verleiten, unser Herz zu verschließen.

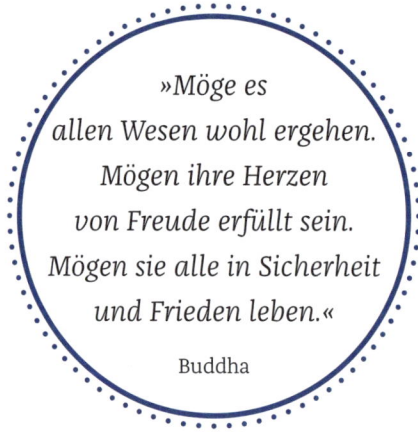

»*Möge es allen Wesen wohl ergehen. Mögen ihre Herzen von Freude erfüllt sein. Mögen sie alle in Sicherheit und Frieden leben.*«

Buddha

Liebeslied

Wie soll ich meine Seele halten, dass
sie nicht an deine rührt? Wie soll ich sie
hin heben über dich zu andern Dingen?
Ach gerne möcht ich sie bei irgendwas
Verlorenem im Dunkel unterbringen
an einer fremden stillen Stelle, die
nicht weiterschwingt, wenn deine Tiefen schwingen.
Doch alles, was uns anrührt, dich und mich,
nimmt uns zusammen wie ein Bogenstrich,
der aus zwei Saiten eine Stimme zieht.
Auf welches Instrument sind wir gespannt?
Und welcher Geiger hat uns in der Hand?
O süßes Lied.

Rainer Maria Rilke

Im tiefsten Herzen hegen alle Menschen den Wunsch nach Zugehörigkeit und Einheit. Das Herz ist kein einsamer Ort, es ist der Bereich, in dem wir nicht nur mit uns selbst, sondern auch mit allen anderen auf das Innigste vereint sind. In unserem Innersten können wir friedvolle Zusammengehörigkeit spüren – reine Liebe. Liebe ist viel mehr als ein Gefühl. Liebe ist unser wahres Wesen. Sie ist das Lied des Herzens. Sie ist das Bewusstsein der Seele. Wir geben ihr eine viel zu enge Bedeutung, wir beschränken die Liebe in unserer Vorstellung, obwohl wir liebende Wesen sind, lange bevor wir ein Wort dafür kennen. Liebe beschränkt sich nicht, sie ist allumfassend. Noch bevor wir sprechen können, lieben wir unsere Eltern, unsere Freunde und Geschwister, wir lieben Tiere und Spielsachen, wir lieben Geschichten zum Einschlafen und Geborgenheit. Wenn wir Glück haben, wird uns in der Kindheit die grundlegende Wahrheit des »*Ich bin liebenswert*« von Familie, Schule und Freunden gespiegelt, damit wir uns liebenswert fühlen können.

Liebe gehört zum Leben wie die Luft zum Atmen, sie ist das *Ja* des Herzens zu uns selbst und der Schlüssel zu allem. Liebe finden wir nicht im Außen, sie beginnt immer bei uns selbst. Paulo Coelho schreibt in den »Schriften von Accra«: »Nur der wird geliebt und geachtet, der sich selber liebt und achtet. Versuche nie allen zu gefallen oder Du wirst die Achtung aller verlieren.« Er interpretiert damit die Aufforderung aus dem Neuen Testament: »Liebe Deinen Nächsten wie Dich selbst«.

Und es ist wahr: Die Welt ändert sich, wenn wir anders über uns denken. Alles ändert sich, wenn wir anfangen, uns selbst zu lieben und zu achten. Das größte Hindernis auf dem Weg zu einem Leben in Liebe sind immer wir selbst basierend auf mangelnder Selbstliebe, die wir durch Selbstzweifel nähren. Kein Urteil ist wichtiger als das über uns selbst. Die ständige Suche nach einer besseren Variante des eigenen Ich macht uns klein und gibt uns das Gefühl, dass etwas Wesentliches fehlt. Uns selbst anzunehmen, zu achten und zu lieben verbindet uns mit unserer Seele und öffnet unser Herz. Ein *Ja* zu uns bedeutet Hingabe an das Leben. Es geht darum, authentisch zu sein, im gegenwärtigen Augenblick zu leben, auf die Stimme unseres Herzens zu hören und die Botschaften unseres Körpers wahrzunehmen. Und es geht darum, dass wir in den Spiegel schauen und lieben, was wir dort sehen. Wenn wir unseren Körper akzeptieren können, so wie er ist, können wir ihn als unser Zuhause ansehen, in ihm ruhen, uns wohlfühlen und Freude und Leichtigkeit empfinden. Wenn wir uns darin üben, werden wir immer schöner, denn was im Körper geschieht, hat eine Wirkung auf den Geist und umgekehrt. In der äußeren Schönheit wird die innere Schönheit sichtbar und zeigt sich im Leuchten der Augen.

Wir müssen uns von der Liebe leiten lassen, mehr gibt es für uns nicht zu tun. Unsere innere Stimme ist Liebe. Wenn wir auf sie hören, lernen wir, uns selbst zu lieben, unsere Wahrheit mutig zu leben, zu uns zu stehen, originell zu sein. Sobald wir wissen, wer wir sind und wer wir sein möchten, schärft die Selbstliebe unser Bewusstsein dafür, was für uns richtig und wichtig ist und macht uns autark. Wir stellen keine Bedingungen mehr, die unser Umfeld erfüllen muss, um unserer Liebe würdig zu sein. Wir lieben bedingungslos. Selbst wenn wir unser Gegenüber nicht vorbehaltlos lieben, können wir Mitgefühl empfinden und aus diesem Gefühl heraus handeln. Selbstliebe öffnet unser Herz für uns und andere.

Jemanden zu lieben bedeutet nicht, sich anzupassen und die Erwartungen des anderen zu erfüllen. Sich und die eigenen Bedürfnisse zu kennen, ist die Basis dafür, einen anderen Menschen zu lieben. Wenn unser Herz klein ist, sind unser Verständnis und unser Mitgefühl begrenzt und wir leiden. Dann können wir andere und ihre Fehler nicht akzeptieren und wollen, dass sie sich ändern. Wenn unser Herz sich weitet, wir Verständnis und Mitgefühl haben und andere so annehmen, wie sie sind, haben sie auch die Möglichkeit, sich zu verändern.

Liebe ist das Bewusstsein des Universums. Sie ist frei von menschlichen Befindlichkeiten. Sie ist wie die Sonne, die ihr eigenes Licht aussendet und es gleichermaßen auf alles erstrahlen lässt. Wir alle sind Teil dieser Verbundenheit. Albert Einstein bezeichnete die Getrenntheit als »optische Täuschung« – wir gehören zusammen und wir sind Liebe. Alles, was wir für uns selbst tun, tun wir auch für andere und alles, was wir für andere tun, tun wir auch für uns selbst. Die bedingungslose Liebe, nach der wir uns alle sehnen, finden wir in unserem eigenen Herzen. Sie ist der Schlüssel zu unserem inneren Wachstum, zu unserem Seelenfrieden und zum Frieden in der Welt.

Tonglen – Liebe für sich und andere entwickeln

Der Weg zur Selbstliebe ist ein lebenslanger Prozess, der immer leichter wird, je mehr wir in eine wohlwollende Selbstwahrnehmung kommen. Bei dieser Übung aus dem tibetischen Buddhismus verbinden wir uns mit dem anderen von Herz zu Herz. Wenn wir einander umarmen, erkennen wir, dass wir keine getrennten Wesen sind. Sich achtsam und bewusst zu umarmen, kann Versöhnung, Verständnis und Glück hervorbringen. Ähnlich ist die Praxis des Tonglen.

Am besten versuchst Du diese Übung zunächst mit einem Menschen, der oder die Dir nahesteht.

- Schließ die Augen und konzentriere Dich auf Deinen Atem, atme ruhig und sanft ein und aus. Lass nun vor Deinem inneren Auge eine Person auftauchen, mit der Du Dich verbinden möchtest.

- Stell Dir dazu eine liegende Acht vor, deren eine Rundung in weitem Bogen um Deinen Oberkörper herumliegt, während die zweite Rundung die Person umschließt, mit der Du Dich verbinden willst. In der Vorstellung stehst Du in der einen Seite der liegenden Acht und lässt in der anderen Schleife den- oder diejenige auftauchen, mit dem oder der Du in Verbindung treten willst.

- Dann atme in Dein Herz ein und schick den Ausatem zum Herzen des anderen hinüber. Zur Verstärkung kannst Du einen leuchtendroten Punkt in dieser Acht fließen lassen, der sich von Herz zu Herz bewegt, von Deiner linken Körperseite hinüber auf die Herzensseite des anderen und dann in weitem Bogen wieder zurück. Lass Deinen Atem in konzentrierter Sanftheit und Güte einige Male hin- und herfließen.

Diese geistige Praxis der Herzensverbindung lässt sich auch auf Gruppen, Länder, Gegenstände oder Ideen anwenden. Man kann sie spontan praktizieren, wenn man schlechte Nachrichten hört oder zum Beispiel Prüfungsangst hat. Mit ein wenig Übung und zunehmender Gelassenheit ergibt sich ganz nebenbei mit dem Tonglen die einzigartige Möglichkeit, der Aufforderung »Du sollst auch Deine Feinde lieben«, mit einer konkreten praktischen Übung nachzukommen.

Nichts ist von so entscheidender Bedeutung für unser Leben, wie die Liebe zu uns selbst. Niemand kann uns geben, was wir selbst uns nicht schenken, und niemand kann dauerhaft die Lücke füllen, die Mangel an Selbstliebe in unserem Herzen hinterlässt.

Wenn wir offenen Herzens durchs Leben gehen, sind wir in Verbindung mit dem, was uns ausmacht, unserem wahren Selbst.

Ich bin einzigartig

- Find einen Ort der Ruhe, schließ die Augen, konzentrier dich auf deinen Atem, das Heben und Senken der Bauchdecke und stell Dir vor, wie sich um deinen Bauchnabel Wärme auszubreiten beginnt. Dein inneres Feuer steht für Energie und Sicherheit.
  Genieß dieses Gefühl und verbinde es mit Deinem Atem:
  Einatmen – »Ich bin ...« Ausatmen – » ...sicher.«

- Stell Dir nun vor, wie die Wärme zu Deinem Herzen aufsteigt und Dein Herz durchflutet, es sanft öffnet und weitet mit jedem Atemzug.
  Genieß dieses liebevolle Gefühl und wiederhol dabei innerlich:
  Einatmen – »Ich bin ...« Ausatmen – » ... Liebe.«

- Lass Dein inneres Feuer auf Dich wirken und frag Dich:
  - Was macht mich so besonders?
  - Was sind drei Sachen, die ich wirklich gut kann?
  - Wie definiere ich mich?
  - Was sehe ich, wenn ich in den Spiegel schaue?
  - Was mag ich an mir besonders gern?
  - Was bin ich mir selbst wert?

Wenn Du dann Deine Augen öffnest, schreib mindestens zehn Dinge auf, die Dich auszeichnen, die Du an Dir wirklich magst. Es gibt keine Grenzen, es können auch zwanzig oder fünfzig sein! Fang an, gut für Dich zu sorgen, und sag jedes Mal, wenn Du Dich im Spiegel siehst, etwas Liebevolles zu Dir.

Gib Dich niemals auf, erfinde Dich immer wieder neu.
Du bist besonders, Du bist einzigartig!

Selbstliebe hat etwas mit Selbstannahme zu tun und bedeutet nicht Egoismus, sondern das Bewusstsein dafür, was für uns richtig und wichtig ist. Der Philosoph Immanuel Kant meinte, es gäbe eine Verpflichtung zum Glücklichsein, indem er feststellte: »Wenn Du selbst nicht glücklich bist, wirst Du auch Deine Mitmenschen nicht glücklich machen. Nur das, was für Dich selbst gut und stimmig ist, wird auch für den anderen gut sein.«

Im Apollotempel in Delphi, der 400 Jahre v. Chr. erbaut wurde, wird der Pilger mit »Ei!« begrüßt, was so viel wie »Du bist!« bedeutet. Zunächst heißt das: Es ist schön, dass Du bist, wie Du bist, denn Du bist einzigartig. Es liegt aber auch eine Aufforderung darin: Sei *DU*, denn andere gibt es schon genug! Jedes Kind ist im Garten der Menschheit als eine Blume geboren und jede Blume ist anders als die anderen. Erkenne Dich selbst und werde was Du bist – ein Wunder der Schöpfung. Achte auf Dein Vermögen und geh sorgsam damit um!

»Das wahre Wissen kommt immer aus dem Herzen.«   Leonardo da Vinci

»Tief in uns steckt das Wissen darüber, wer wir wirklich sind«, schrieb der Pionier der Tiefenpsychologie Carl Gustav Jung, und meinte damit unsere Intuition, die Weisheit unseres Herzens, die Intelligenz unserer Seele. Diese innere Quelle des intuitiven Wissens liegt jenseits aller Logik und ist der Schlüssel zu den verborgenen Wissensschätzen unseres Unterbewusstseins. In der Philosophie wird sie als das »wahre Staunen« bezeichnet. Intuition lässt sich wissenschaftlich nicht erklären und auch nicht intellektuell, denn sie gehört zur Seele und vermittelt uns die Geheimnisse der Existenz. Es gibt Wissen, es gibt Informationen, aber es gibt auch etwas, das man als tiefe, intuitive Gewissheit bezeichnen kann – in dem Augenblick, in dem wir uns dessen bewusst sind, ist alles möglich. Inzwischen sind immer mehr Wissenschaftler überzeugt vom »inneren Wissen« und in einem Punkt sind sich sogar alle einig: Intuition kommt spontan und plötzlich wie ein Geistesblitz. Oft fragen wir uns, warum uns diese Lösung, diese Idee nicht schon früher gekommen ist. Viele berühmte Wissenschaftler waren sich der Tatsache bewusst, dass sie ihre großen Entdeckungen mithilfe ihrer Intuition gemacht haben.

Der Physiker und Nobelpreisträger Albert Einstein sagte: »Der Verstand spielt auf dem Weg der Entdeckung nur eine untergeordnete Rolle. Es findet ein Sprung im Bewusstsein statt, nennen Sie es Intuition oder was Sie wollen, und die Lösung kommt zu Ihnen, und Sie wissen nicht wie und warum.« Einstein war ein Mann von immenser Vorstellungskraft, viele seiner Erkenntnisse entstanden offenbar in seinen Tagträumen. Wann immer er in Gedanken verloren dasaß, nahm er seine

Geige, um, wie er sagte, »von Gottes Gedanken zu schöpfen«. Wie gut tut es doch unserer Seele, wenn wir allen Verstand beiseitelegen und Bilder aufsteigen lassen, wenn wir uns vom Intellekt zur Intuition bewegen, wenn wir vom Kopf ins Herz kommen, wenn wir staunen wie die Kinder. Dann sind wir offen für Wunder, für intuitive Impulse, dann ist das Leben wieder ein Abenteuer, in dem alles möglich ist.

Intuition steht über den Grenzen von Raum und Zeit, kann Entwicklungen vorausspüren und uns den richtigen Rat geben, wenn wir innerlich still genug sind, um ihre leise Stimme zu hören. Am besten gelingt uns das, wenn unser Geist ruhig wird und Entspannung eintritt, wenn wir absichtslos einfach nur *da* sind. Wir haben viele Stimmen in uns – das kann die Stimme unseres Vaters sein oder der Mutter, die Stimme eines Lehrers, die uns antreibt und prägt. Doch hier scheiden sich die Geister – zwischen all diesen Stimmen gibt es die stille Stimme der Wahrheit. Um sie zu hören, brauchen wir zeitweise Stille, in der wir horchen, ob wir richtig unterwegs sind und im Einklang mit unserem Wesen. In Momenten der Stille und Empfangsbereitschaft sind wir offen für höhere Erkenntnisse, für Inspirationen und Geistesblitze. Spaziergänge an der frischen Luft oder Meditation sind gute Möglichkeiten, um den Geist frei zu machen und uns »von der Muse küssen zu lassen«. Das Einzigartige an der Intuition ist, dass sie über den Verstand hinausgeht, ohne gegen ihn zu arbeiten.

Wie wichtig es ist, meiner Intuition, meinen Eingebungen zu vertrauen, habe ich über viele Jahre gelernt. So entwickelte ich im Lauf der Zeit einen immer besseren Zugang zur Weisheit meines Herzens, lernte im Buch des Lebens zwischen den Zeilen zu lesen und darauf zu vertrauen. Heute ist es für mich selbstverständlich, dass ich mit meiner Intuition, meiner inneren Weisheit in Verbindung stehe, wenn ich Antworten suche, wenn ich Menschen berate, wenn ich Texte und Bücher schreibe. Dabei habe ich herausgefunden, dass Dankbarkeit der beste Zustand des Empfangens ist. Wenn ich dankbar bin für die Verbindung zur Quelle meiner Intuition, wenn ich darauf vertraue, dass ich die Antwort, das richtige Zeichen bekommen werde, ist es mir bereits gegeben. Dann bin ich voller Seelenkraft und schöpferischer Energie, dann habe ich meine eigene Klarheit, meine eigene Vision, meine eigenen Augen zum Sehen und bin im selben Augenblick unendlich dankbar.

Ein Mensch mit Seelenkontakt findet seine Berufung. Es ist deutlich spürbar, wenn die Seele »die Führung übernimmt« und uns staunen lässt über uns selbst. Dann hören wir den Ruf »von drüben« und spüren, dass die Seele anklopft. Wir verstehen ohne Verstand und sehen ohne Augen, sind bewegt in tiefer Ruhe. In diesen magischen Momenten höre ich mir beim Sprechen zu und staune, schreibe Texte, die mir zufließen ohne mein Dazutun, bin im rechten Moment am richtigen Ort und weiß, dass ich meiner inneren Weisheit vertrauen kann.

Dem inneren Wissen vertrauen

Weisheit kommt aus den innersten Tiefen Deines Seins, aus Deinem inneren Zuhause, Deinem Herzen.

Wann immer Du Antworten suchst, den Weg nicht siehst, denk nicht nach, sondern lass Dich in tiefes Nichtdenken fallen und erlaube Deiner inneren Weisheit, Dich zu führen.

Mag sein, dass Du Dich anfangs unsicher fühlst, doch wenn Du immer wieder die richtige Lösung findest, wirst Du bald Mut fassen und Vertrauen gewinnen.

- Find regelmäßig Zeiten der Stille, in denen Du meditierst oder in die Natur gehst. Stell Dir einfache Fragen und nimm immer den ersten Gedanken wahr und wichtig. Folg dem ersten Impuls und schau, was geschieht. Probleme lassen sich am besten mit etwas Abstand lösen. Schreib alle Punkte auf, die bei einer bestimmten Frage für Dich wichtig sind.

- Lausch tief in Dich hinein – hinter allen Problemen, Geschichten, Gewohnheiten liegen Schichten eines tieferen Erkennens. Nimm Dir Zeit dafür, achtsam. Vertrau Deiner Intuition und dem liebenden Bewusstsein, die Dich unterstützen, eines Tages in die Antwort hineinzuwachsen.

- Weck das Kind in Dir! Gönn Dir immer wieder beliebige Zeiten, in denen Du die Welt mit Kinderaugen betrachtest. Probier Dinge aus, die Kinder gerne mögen, sei neugierig und verspielt. Versuch einen Tag lang alles intuitiv zu machen, indem Du immer Deinem ersten Gedanken folgst, egal, was Dein Verstand dazu sagt.

- Mach es Dir für einige Wochen zum Ritual, vor dem Einschlafen eine Frage zu notieren und morgens nach dem Aufwachen die ersten Gedanken dazu aufzuschreiben. Du wirst staunen, welch klare Antworten kommen.

»Intuition will singen, nicht erklären«, sagte der Dichter Khalil Gibran. Betrachten, erwägen, einer Eingebung folgen – intuitiv leben bedeutet, die Welt, so wie wir sie kennen, im Herzen zu tragen und darauf zu vertrauen, dass wir alle wichtigen Antworten bereits in uns haben, wir müssen sie nur noch finden.

»Um das Herz und den Verstand eines anderen Menschen zu verstehen, schaue nicht darauf, was er erreicht hat, sondern wonach er sich sehnt«, schrieb Khalil Gibran. Sehnen ist ein Gefühl, das jeder kennt, und dennoch ist es unglaublich schwierig zu beschreiben, denn es ist so individuell und so komplex wie der Mensch selbst. Sehnsucht hat eine schier unendliche Variationsbreite und kann eine Intensität annehmen, der sich niemand entziehen kann. Sie erscheint in allen Farben, Mischungen, Dosierungen und Klangformen und schenkt uns die Fähigkeit zu träumen. Manche verbinden Sehnsucht mit melancholischer Schwärmerei, und obwohl mit ihr oft ein Ziehen in der Brust einhergeht, mahnt sie uns, immer wieder all unsere unmöglichen Träume von dieser fantastischen Welt zu träumen und diese ja nicht zu begraben. Es gibt keinen Menschen, der die Sehnsucht nicht kennt, und es gibt kein anderes Gefühl, das uns so entschieden zu Veränderungen drängt. Sie lockt uns und treibt uns an, sie hält uns an, niemals in banaler Zufriedenheit zu versinken. Die Sehnsucht verleiht uns den rechten Blick auf das, was ist, und schenkt zugleich eine Ahnung dessen, was unsere Vorstellungskraft übersteigt, was sich allen Worten entzieht. Wie ein stetes Pochen drängt sie darauf, dass wir unsere Herzen weit machen, weit wie der Horizont, und alle Grenzen überwinden. Sie erinnert uns daran, wer wir wirklich sind, jenseits von »müssen« und »sollen«.

»Wenn Du ein Schiff bauen willst, so trommle nicht Männer zusammen, um Holz zu beschaffen, Werkzeuge vorzubereiten, Aufgaben zu vergeben und die Arbeit einzuteilen, sondern lehre sie die Sehnsucht nach dem weiten, endlosen Meer«, schrieb der französische Schriftsteller Antoine de Saint-Exupéry.

Seine Worte mögen paradox klingen, doch sie beschreiben das Vertrauen darin, dass Unmögliches geschehen kann. Sehnsucht flüstert uns zu, dass wir mehr wagen, mehr lieben, uns mehr hingeben können, sie ist der ungestillte Durst der Seele, sie ist das Brennen in unseren Herzen.

Die Seele braucht die Sehnsucht, die sie motiviert und nährt, die sie hoffen lässt, im Lärm des Alltags den erfüllten Augenblick zu erleben, in dem die Zeit stillsteht. Sehnsucht träumt davon, alles aufzuheben, was an uns Begrenzung ist, damit wir uns unserer Einmaligkeit bewusstwerden und das Einzigartige des Lebens spüren. Erst in diesem Spüren bekommen wir eine Ahnung von der Fülle, die der Ursprung aller Sehnsucht ist – dem Paradies. Diese Sehnsucht gehört zur Grundmelodie unserer Seele, in ihr begegnen sich Mensch und Gott. So lange wir leben, träumen wir von einer schöneren, besseren Welt in Erinnerung an die ersten neun Monate unseres Daseins, wo wir im Ur-Ozean des Mutterleibs bereits ein Paradies erfahren haben. Wir können das Kind in uns wiederfinden, das als paradiesisches Füllewesen geboren wurde, das von dort kommt, wohin wir uns alle sehnen.

Dieses Kind, das wichtigste Wesen unseres Lebens, zeigt uns die Richtung unserer Sehnsucht. Was auch immer wir träumen und uns vom Leben erhoffen, es ist unser Inneres Kind, das das Drehbuch dazu schreibt, weil es die Wahrheit kennt, weil es weiß, was wir *wirklich* wollen. Tief in unserem Herzen wartet es darauf, an der Hand genommen zu werden und mit seiner Begeisterungsfähigkeit, seiner unbändigen Leichtigkeit, mit seinen tausend Fragen und seiner puren kindlichen Neugier mit uns unseren Sehnsuchtsweg zu gehen. Wenn wir die Welt wieder mit den Augen unseres Inneren Kindes sehen, dann wird sie täglich neue Überraschungen bereithalten, dann werden wir in allem das sehen, was wir noch nie erblickt haben – und staunen.

»Das Schönste, was wir erleben können, ist das Geheimnisvolle. Es ist das Grundgefühl, das an der Wiege wahrer Kunst und Wissenschaft steht. Wer es nicht kennt und sich nicht wundern, nicht mehr staunen kann, der ist sozusagen tot und sein Auge erloschen«, sagte Albert Einstein. Selten und kostbar sind die Augenblicke, in denen wir innehalten und die Zeit stillzustehen scheint, weil wir überwältigt sind von etwas Großartigem. Wenn wir staunen, geben wir uns einem Eindruck ganz hin und bekennen, dass uns das, was wir gerade erleben, tief bewegt. Wenn wir zum Beispiel unter einem sternenklaren Himmel stehen, öffnen sich unsere Augen weit und vielleicht steht sogar der Mund offen und wir breiten unsere Arme aus, um unsere Ergriffenheit zu zeigen. Im Staunen entdecken wir die Welt für uns ganz neu und werden ehrfürchtig, weil uns in diesem Moment bewusst wird, dass es etwas gibt, das bedeutender ist als Erfolg, Macht und Geld.

Ehrfurcht ist ein wundervolles Gefühl, das uns die kleinen, scheinbar unauffälligen Dinge des Lebens als bedeutend und eindrucksvoll erfahren lässt, die es zu bewahren gilt. Nur wer ehrfürchtig ist, kann sich in die Betrachtung eines Schmetterlings versenken und sich von seiner schillernden, filigranen Schönheit anrühren lassen. Staunen ist nicht nur den Kindern vorbehalten, es hört nie auf, wenn wir neugierig bleiben auf die Welt und ihr erlauben, uns immer wieder aufs Neue ins Wundern zu versetzen. Das Kind in uns bleibt lebendig. Und dieses Kind verliert nie die Fähigkeit, mit den Augen des Herzens zu sehen, Sternenlicht zu atmen und mit weit geöffnetem Mund zu staunen.

»Und wenn Ihr Euch das Staunen erhalten könntet
über die täglichen Wunder Eures Lebens, so wäre Euer
Schmerz nicht weniger erstaunlich als Eure Freude.
Denn dann würdet Ihr die vier Jahreszeiten Eures
Herzens so annehmen, wie Ihr die Jahreszeiten
annehmt, die über Eure Felder ziehen.«

Khalil Gibran

Was wünsche ich mir?

Kennen wir unsere eigenen Wünsche oder leben wir vielleicht die anderer Menschen? Als Kinder haben wir zu Weihnachten einen Wunschzettel geschrieben. Damals wussten wir genau, was wir uns ersehnten. Der besondere Charme daran war, dass wir einfach alles aufgeschrieben oder gezeichnet haben, was wir wollten – egal wie groß und vielleicht unerreichbar manche unserer Wünsche waren. Wir wussten zwar, dass wir nicht alles davon bekommen würden, aber wir waren uns sicher, dass das Christkind eine weise und gerechte Entscheidung treffen würde, welche von den Wünschen den Weg zu uns finden sollten.
Hinter jedem Wunsch steckt die Sehnsucht nach dauerhaftem Glück. Natürlich kannst Du Dir alles wünschen, was Du Dir vorstellen kannst, aber bedenk dabei, dass Besitz auf Dauer nicht glücklich macht. Viel erfüllter wirst Du sein, wenn Du Dir wünschst, was Du wirklich *wirklich* willst, Deine wahren Herzenswünsche!

Stell Dir zuerst folgende Frage:

Hätte ich alle Freiheiten dieser Welt – was würde ich *wirklich* wollen? Schreib diese Frage auf ein Blatt Papier und schreib oder zeichne alles auf, was Dir ganz spontan dazu einfällt.

Nun nimm Dir Zeit und finde heraus, was Deine größten Sehnsüchte sind, und dann schreib einfach einmal alles auf, was Du Dir wirklich wünschst, und vertrau darauf, dass das Richtige geschehen wird.

- Dinge, die Du (besser) können möchtest (jonglieren, singen ...)
- Dinge, die Du gerne tun möchtest (Italienisch lernen oder nach Südamerika reisen)
- Alles, was Du sein möchtest (gelassener, fröhlicher, mutiger ...)
- Gefühle, die Du öfter fühlen möchtest (Lebensfreude, ...)
- Ein großer Wunsch in Deinem Leben: Einmal wünsche ich mir ...
- Wunsch an das Christkind, der unerfüllt blieb und den Du bis heute hegst
- Wunsch, der noch verborgen ist und jetzt bewusst werden möchte

Spür in Dich hinein – wofür schlägt Dein Herz?

Geh ruhig richtig kindlich an das Thema »Was wünsche ich mir wirklich *wirklich*?« heran und schreib alles auf. Mach Deine Liste ohne zu zensieren, ohne Wenn und Aber, ohne realistisch zu sein und ohne wie ein Erwachsener zu denken. Erinnere Dich, was Dich als Kind so richtig glücklich gemacht hat. Was mochtest Du besonders gern? Was wolltest Du werden? Was waren Deine geheimsten Träume? Gerade bei Deinen Herzenswünschen solltest Du unbedingt Dein Inneres Kind befragen. Es weiß genau, was Dich glücklich macht. Um wieder mit ihm Kontakt zu kommen, ist es am besten, Du ziehst Dich an einen ruhigen Ort zurück und schließt Deine Augen. Ruf dieses magische Kind in Dir, Du kannst auch Deinen Kosenamen dazu verwenden. Wenn es sich meldet, sprich mit ihm, frag es, was es im Moment braucht, was es sich wünscht. Du wirst sehen, die Antwort kommt ziemlich schnell. Ein Kind braucht Geborgenheit, Sicherheit, Liebe, Aufmerksamkeit und Unterstützung. Es braucht Wertschätzung und will gesehen werden, wie wir als Erwachsene auch. Lass Dich von Deinem Inneren Kind zu Deinen tiefsten Herzenswünschen führen.

Und dann vertrau darauf, dass alles passieren wird, was für Dich persönlich gerade richtig ist.

Wir können uns noch intensiver mit unseren Wünschen beschäftigen, wenn wir die Liste immer bei uns tragen, sie anschauen, wenn wir innehalten, sowie morgens, wenn wir aufwachen, und abends vor dem Einschlafen. Dabei lassen wir uns in die Stille fallen, in jenen stillen Raum zwischen den Gedanken, begeben uns auf die Ebene des Seins, die uns in Wahrheit ausmacht und geben dort unsere Wünsche frei, damit sie sich zum rechten Zeitpunkt realisieren können. Idealerweise haben wir keine Vorstellungen darüber, wie sie sich entfalten sollten, binden uns nicht an Erwartungen. Das gelingt am besten, wenn wir unsere Wünsche für uns behalten und den Elfen, Engeln, Zwergen und Feen *viel* Zeit geben, um sich um ihre Erfüllung zu kümmern.

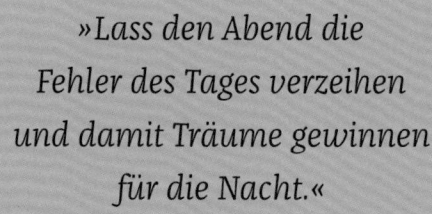

»Lass den Abend die
Fehler des Tages verzeihen
und damit Träume gewinnen
für die Nacht.«

Rabindranath Tagore

Vergeben

»Herr, mach mich zu einem Werkzeug Deines Friedens,
dass ich liebe, wo man hasst
dass ich verzeihe, wo man beleidigt
dass ich verbinde, wo Streit ist
dass ich die Wahrheit sage, wo Irrtum ist
dass ich Glauben bringe, wo Zweifel droht
dass ich Hoffnung wecke, wo Verzweiflung quält
dass ich Licht entzünde, wo Finsternis regiert
dass ich Freude bringe, wo der Kummer wohnt.
Herr, lass mich trachten,
nicht, dass ich getröstet werde, sondern dass ich tröste
nicht, dass ich verstanden werde,
sondern dass ich verstehe
nicht, dass ich geliebt werde, sondern dass ich liebe.
Denn wer sich hingibt, der empfängt
wer sich selbst vergisst, der findet
wer verzeiht, dem wird verziehen
und wer stirbt, der erwacht zum ewigen Leben.«

Friedensgebet des Hl. Franz von Assisi

»Selig sind die Friedfertigen, denn sie werden Gottes Kinder heißen.«
Matthäus 5,9 (Bergpredigt)

Frieden ist nicht nur die Abwesenheit von Streit und Kampf, er ist Verständnis, Mitgefühl und Harmonie. Dieser Frieden meint »handfesten« Frieden, Frieden, der tatsächlich machbar ist: Frieden zwischen Nachbarn, Völkern, Freunden, Ehepaaren, Frieden für die gesamte Schöpfung. Die Bergpredigt ist eine Botschaft von Frieden und Mitmenschlichkeit, Versöhnung und Liebe. Es sind Worte, die bis heute unzählige Menschen inspiriert haben, unter ihnen Mahatma Gandhi, Nelson Mandela und Martin Luther King, der sagte: »Die Aufforderung, unsere Feinde zu lieben, ist eine unbedingte Notwendigkeit für uns Menschen. Die Liebe, auch zu unserem Feind, ist der Schlüssel, mit dem sich die Probleme der Welt lösen lassen.«

Frieden ist eine Frucht, die im Herzen eines jeden Menschen keimt und wächst – es ist die Liebesfähigkeit. Nichts ist so groß, wie die Sehnsucht der Menschen nach Frieden. Seinen Feinden zu vergeben erfordert aber viel Bewusstheit und Großmut, wir müssen lernen, uns in die Position des anderen hineinzufühlen, um friedfertig werden zu können. Am besten fangen wir bei uns selbst an, indem wir uns für all unsere Selbstvorwürfe, unsere negativen Gefühle, die nagenden Zweifel an unseren Fähigkeiten, vergeben. Nelson Mandela sagte: »Mutige Menschen haben keine Angst zu vergeben, wenn es hilft, Frieden zu schaffen.« Wann erkennen wir, dass es unendlich viele Wege gibt, aber am Ende nur ein Ziel, nämlich Frieden und Liebe? In dem Bewusstsein, dass wir alle aus einer Quelle stammen und alle auch die Quelle sind?

Mein inneres Friedensmantra

Wir haben alle innere Glaubenssätze, die uns nicht guttun, weil sie uns klein machen oder verunsichern. Es gibt eine einfache, sehr wirkungsvolle Möglichkeit unseren Geist vor seinen eigenen negativen Gedanken zu schützen, sodass alte Muster verschwinden und Blockaden aufgelöst werden können.

Ein Mantra wirkt wie ein Zauberwort, das uns nachhaltig transformieren kann, das uns inneren Frieden schenkt, uns zufrieden macht.

- Vergib Dir jeden Tag etwas, wofür Du Schuld empfindest:
  »(Dein Name), ich vergebe Dir, dass …«
- Find jeden Tag drei Dinge, auf die Du stolz bist:
  »(Dein Name), ich bin stolz auf Dich, dass …«
- Find täglich drei Dinge, für die Du dankbar bist.
  »(Dein Name), ich bin dankbar für …«
- Betrachte Dich selbst mit den Augen der Liebe und des Mitgefühls:
  »(Dein Name), ich liebe Dich.«

Um Dich mit heilsamer Information zu energetisieren, solltest Du diese Übung drei Monate lang täglich machen.
Du wirst im Laufe der Zeit Dein ganz persönliches Mantra finden und spüren, dass *Du* das grenzenlose Bewusstsein bist, in dem Deine Gedanken und Gefühle entstehen.

Enttäuschung, Streit, Verlust und Vertrauensbruch sind Verletzungen, die niemandem erspart bleiben im Leben. Hintergangen, belogen worden zu sein, fügt uns tiefe seelische Wunden zu. Wir fühlen uns verletzt, wenn jemand unsere menschliche Würde angreift und uns als Person erniedrigt. Wenn uns jemand verrät, dann glauben wir, dass alles, wofür er gestanden hat, eine einzige Lüge war. Wenn ein Mensch uns enttäuscht, dann stürzen alle Erwartungen zusammen, die wir in ihn gesetzt haben. All diese Kränkungen treffen unser Innerstes und lasten schwer auf unserer Seele. In beinahe jedem von uns liegt eine »schwarze Liste« verborgen, in die wir Ereignisse eingetragen haben, die wir anderen oder uns selbst nicht verzeihen können. Wenn wir uns regelmäßig mit dieser »Liste« befassen, uns unsere Verletzungen immer wieder in Erinnerung rufen, weil wir nicht verzeihen können, dann ist das seelischer Ballast, den wir unbedingt loswerden sollten.

Wahrer Vergebung gelingt es, uns zu heilen, alten Schmerz loszulassen. In vielen Kulturen gilt das Verzeihen seit jeher als eine der angesehensten menschlichen Tugenden. Wer anderen vergibt, trägt nicht länger nach, ist vielleicht sogar zu einer Versöhnung bereit. Denn im Grunde bedeutet Vergebung Verzicht auf Vergeltung und Wiedergutmachung. Wer von Herzen verzeiht, lässt ab, hört auf, auf die Wunden zu zeigen, die ihm zugefügt worden sind. Wer wirklich vergibt, stellt keine Bedingungen, verlangt keine Gegengabe. Vielmehr ist echtes Vergeben ein Akt des Schenkens. Im Wort »Vergeben« steckt *geben* und ist im wahrsten Sinne selbstlos. Man solle sein Herz über ein Hindernis werfen und dann einfach hinterherspringen, sagte der Begründer der Logotherapie und Existenzanalyse Viktor Frankl.

Vergebung ist ein innerer Prozess. Wir finden sie dort, wo wir lernen zu verstehen und mit anderen Augen zu sehen. In uns muss Liebe sein, damit wir in den Raum in uns vordringen, wo die Logik von Strafe, Schuld und Sühne keine Bedeutung hat. Dann spüren wir auch, dass wir größer sind, als die zu verschmerzende Verletzung, dass wir es wert sind, glücklich zu sein, gleichgültig, wie schlimm das zu verkraftende Ereignis war. Dieser Moment ist vorbei und wir haben ihn überlebt. Wir können jetzt neu wählen und in unserer Verletzung die Chance der Heilung erkennen. Mit einem sanften Streicheln über das Gestern erlösen wir unseren tiefen Schmerz. Wir sind nicht weiter gebunden an die Vergangenheit, wir sind frei, wenn wir aus reiner Liebe vergeben und Frieden schließen. Wir allein können uns für Neues öffnen, unser neues Leben erschaffen!

Wie extrem die Umstände auch gewesen sein mögen, es ist immer möglich, sich von der Vergangenheit zu befreien. Es ist wichtig, fremde oder eigene Misshandlung zu benennen, doch dann muss Vergebung folgen, damit eine neue, größere Freiheit geboren werden kann. Nelson Mandela, der 27 Jahre im Gefängnis eingesperrt war, sagte nach seiner Freilassung: »Als ich aus meiner Zelle durch die Tür in Richtung Freiheit ging, wusste ich, dass ich meine Verbitterung und meinen Hass zurücklassen musste, oder ich würde mein Leben lang gefangen bleiben.«
Für mich sind diese Worte so stark, so berührend und wichtig.

Ein hawaiianisches Sprichwort sagt: »Bevor die Sonne untergeht, vergib.« Als ich es entdeckt habe, musste ich an meinen Vater denken, dem es so wichtig war, dass wir in Frieden zu Bett gehen. »Sind wir wieder gut?«, haben wir gefragt und uns dann die Hände gereicht. Wir wussten, dass wir ohne dieses »Gutsein« ohnehin nicht schlafen konnten, dass es wichtig ist, den Rucksack voller Vorwürfe abzunehmen, damit wir nicht belastet sind.

Bis heute ist das Vergeben ein wichtiges Ritual für mich, das ich auch in meinen Seminaren weitergebe. Eines Tages habe ich von *Ho'oponopono* gehört, einem uralten hawaiianischen Heilungsritual, und habe mich damit beschäftigt. Dieses wirkungsvolle Vergebungsritual gilt in den USA als anerkannte Therapie, es wird zur Schlichtung und Heilung von inneren und äußeren Konflikten angewendet und bedeutet übersetzt so viel wie »richtig *richtig* machen«. Ho'oponopono ist ganz einfach Liebe in Aktion. Man vergibt sich selbst und anderen bedingungslos dafür, einander irgendwann verletzt oder nicht geholfen zu haben. Dieses »richtig *richtig* machen« ist ein einfacher Prozess in vier Schritten, bei dem man lernt, zu vergeben, sich zu versöhnen und es danach besser zu machen.

Es ist ganz einfach und hat eine unglaublich große Wirkung. Inzwischen mache ich es beinahe täglich und auch meine Klienten integrieren es in ihr Leben. Es hilft dabei, innerhalb kurzer Zeit aus innerem Kampf oder Ungleichgewicht wieder Frieden und Harmonie herzustellen.

Das Ritual besteht aus vier kurzen Sätzen:

- *Es tut mir leid.* Mit diesem Satz erkennen wir unser Leid und unseren Anteil an der Situation an.
- *Bitte verzeih mir.* Mit diesen Worten bitten wir uns selbst und den anderen um Verzeihung für den Schmerz, den wir verursacht haben.
- *Ich liebe Dich.* Wir erkennen durch diese Worte das Göttliche im anderen und in uns selbst. Ich liebe Dich und ich liebe mich mit all meinen Stärken und Schwächen.
- *Danke.* Wir bedanken uns, dass wir durch die Kraft der Vergebung heilen und frei werden dürfen.

Ho'oponopono – Vergebungsritual

Nicht zu vergeben belastet und vergiftet das eigene Leben, denn die Last des Nachgetragenen beschwert vor allem den Nachtragenden selbst. Sich selbst und anderen zu vergeben ist die Basis, auf der Heilung geschehen kann, um erfüllter und innerlich friedvoller leben zu können.

Du wirst erkennen, dass Vergebung in erster Linie Dir selbst zugutekommt, als wohltuende Erleichterung, als Erlösung für Dein Herz.

- Geh an einen ruhigen Ort, an dem Du Dich beschützt fühlst und ungestört sein kannst. Setz oder leg Dich entspannt hin, schließ dabei die Augen. Lass Körper und Geist sich entspannen und atme ganz sanft zu Deinem

Herzen hin. Nimm alle Gefühle wahr, die sich hier stauen, weil Du nicht verziehen hast, weder Dir selbst noch anderen. Vielleicht spürst Du auch, wie weh es tut, Dein Herz zu verschließen.

- Atme ganz natürlich weiter, wenn Du Dich nun mit dem ersten aufsteigenden Gedanken an eine Person erinnerst, der Du etwas nachträgst, das Du jetzt loslassen willst, und erlaube dem Vorwurf noch einmal, deutlich zu werden.

- Nun lass Dich all die Barrieren empfinden, die du errichtet hast, und all die Gefühle auftauchen, die Du mit Dir herumträgst, weil Du nicht vergeben hast – Dir nicht und anderen nicht. Nimm den Schmerz wahr, der vom Verschlossensein Deines Herzens kommt, werde Dir bewusst, dass dieser Konflikt Dich viel Kraft und Energie kostet, und nimm bewusst die vollständige Verantwortung für Deine Realität an.

- Beginn dann, unter sanftem Ein- und Ausatmen, laut oder leise folgende Sätze zu sprechen:
»Es tut mir leid.
Bitte verzeih mir.
Ich liebe Dich.
Danke.«

Das Wichtige passiert oft zwischen den Zeilen. Es sind die Ausrichtung, die Intention und der entsprechende Gefühlsgedanke, die die entscheidende Rolle spielen.

- Spür, dass Du endlich diese Last loswerden und um Vergebung bitten kannst, und wiederhol diese vier Sätze sanft so oft, bis Du in Deinem Herzen Befreiung empfindest. Lass die begleitenden Bilder und Gefühle immer tiefer und klarer werden.

- Nutz dabei Deinen Ausatem, um Deine Anklage bewusst loszulassen, und wiederhole das, bis Du befreit spürst, wie Dir Lasten von der Seele und Steine vom Herzen rollen.

Mag sein, dass Du einiges immer noch als Belastung wahrnimmst, bring Dich behutsam in Berührung damit, hab Nachsicht mit Dir, dass Du noch nicht bereit bist loszulassen und mach weiter. Vergebung kann man nicht erzwingen, aber Du kannst bewusst einmal in der Woche eine Versöhnungskerze anzünden, als Ausdruck Deines Vertrauens, dass sich Verhärtetes aufweichen kann.

Setz einfach die Übung fort, lass die Worte und Bilder nach und nach auf ihre eigene Weise wirken. Mach Dir dann eigene Anteile an der Situation bewusst und entscheide, ob Du Dich mit diesem Paket wirklich weiter belasten willst. Nachsehen ist viel leichter als Nachtragen!

»Ich nehme Dich an.« Mehr als diese vier Worte braucht es oft nicht, um Zärtlichkeit über unsere Wunden und Narben zu legen und unserer Seele Frieden zu schenken.

Wenn wir uns versöhnen, zeigen wir unseren Willen, den anderen zu verstehen und seine Sicht der Dinge zu akzeptieren. Damit befreien wir uns davon, emotional an die andere Person gebunden zu bleiben und jedes Mal negative Gefühle zu haben, wenn wir an sie denken. Dazu gehört auch, jeden Gedanken an Rache und Bestrafung aufzugeben. In dem Moment, wo wir das »Kriegsbeil begraben«, kann die Vergangenheit ruhen und wir sind bereit, wieder zu vertrauen.

Wenn wir Versöhnung feiern, verliert unser Leben sofort an Schwere, weil wir nichts mehr nachtragen, was unsere Seele belastet hat. Seelischer Ballast behindert den Fluss unserer Lebensenergie, werfen wir ihn ab, spüren wir schon bald eine Leichtigkeit, die neue Vitalität in unser Leben zaubert. In dem Moment, in dem wir bereit sind, unsere Gefühle zu akzeptieren und sie mithilfe unseres Herzens zu heilen, werden wir frei.

Wir können wieder die Verantwortung für uns und unsere Handlungen übernehmen und auf die Haltung »Mir geht es schlecht, weil ...«, die uns zu Opfern macht, verzichten. Dieser Akt ist kein Zeichen von Schwäche, ganz im Gegenteil – Verzeihen ist eine Eigenschaft des Starken. »Der Schwache kann nicht verzeihen«, sagte Mahatma Gandhi.

Doch wohlgemerkt: Vergeben ist alles andere als einfach. Ich selbst habe oft genug erlebt, wie schwer es mir fiel, jemanden innerlich zu »entlassen«, der mich verletzt, gekränkt, mir Unrecht getan hat. Als Kinder sagten wir dann wütend: »Das wirst Du noch bereuen, das zahl ich Dir heim!«, und Tränen der Wut und der Enttäuschung sprangen dabei aus den Augen. Wir fühlten uns hilflos und verkrochen uns in den Schmollwinkel. Und doch, wenn es mir gelang, wirklich von Herzen zu vergeben, ging es mir danach wesentlich besser.

Wenn ich mit meiner heute 98-jährigen Mutter über die wichtigen Dinge des Lebens spreche, dann sind mir ihre Worte Quelle der Weisheit und Inspiration. »Lass das Verhalten anderer nicht Deinen inneren Frieden stören, wir sind dazu bestimmt, in Freude zu leben«, legt sie mir ans Herz. All der Neid, die Gier und Missgunst, Wut und Hass, die sie bei Menschen spüren kann, sind ihr unverständlich. »Wir können nur Frieden finden, wenn wir in unserem Leben Sinn finden und es dankbar annehmen«, sagt sie, »im Sinn findet unser Herz Ruhe und wir sind mit uns und der Welt im Frieden.« Ein zufriedenes Herz aber verlangt nicht nach *mehr* Liebe, Ruhm oder Reichtum, ihm genügt das, was es hat.

So wie wir andere verletzen, verletzen wir auch uns selbst, unsere strenge Bewertung und Selbstkritik fügen uns Schmerzen zu, derer wir uns oft gar nicht bewusst sind. Oft sind wir gefangen im Verlies unserer Selbstzweifel und Minderwertigkeitsgefühle und hoffen, dass uns jemand rettet. Doch retten können wir uns nur selbst, indem wir uns das Geschenk machen, uns endlich zu vergeben. Sich selbst zu verzeihen, kann manchmal schwieriger sein, als anderen zu vergebenen. Wahre Vergebung wird erst möglich, wenn wir unseren eigenen Schmerz erkennen und ernst nehmen.

Liebe ist Vergebung, ist Heilung. Und sie beginnt bei uns selbst. Immer.

Es tut mir leid

- Such einen Ort auf, der für Dich eine besondere Bedeutung hat und zünde dort eine Kerze für Dich an. Richte Deine Aufmerksamkeit auf die Flamme und verweile nun so eine längere Zeit mit dem Wunsch, auch Dir selbst vergeben zu können.

- Atme ein paarmal ruhig und tief durch und entspann Dich.

- Sammle Dich in Ruhe, richte den inneren Blick auf Dein Leben und versuch Dich an Situationen zu erinnern, in denen Du Dich selbst negativ bewertet, verurteilt, vernachlässigt oder überfordert hast. Lass alles auftauchen, was jetzt kommen mag, und nimm jeden Gedanken wahr und wichtig.

Nimm Dir genügend Zeit und stell Dir folgende Fragen:

- Wo und wie habe ich mich in den letzten Jahren selbst verletzt? Wo und wie habe ich nicht gut auf meine Grenzen geachtet?

- Wann und wo habe ich mich im Stich gelassen?

- Wo und wie habe ich mich nicht wie ein wertvolles Wesen behandelt?
- Wie habe ich mich selbst bekämpft, geschwächt, ausgebremst?
- Was habe ich mir selbst zu vergeben?

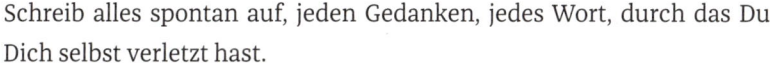

Schreib alles spontan auf, jeden Gedanken, jedes Wort, durch das Du Dich selbst verletzt hast.

Wenn Du fertig bist, falte das Papier zusammen und leg es beiseite.

Sollten Tränen fließen, dann lass ihnen freien Lauf, sammle sie in Deinen Taschentüchern und leg auch diese beiseite.

- Schließ nun Deine Augen, leg eine Hand auf Dein Herz und sprich still mit ihm. Sag mit liebevoller innerer Stimme zu Dir selbst: »Alles, was ich mir durch mein Tun oder Unterlassen angetan habe, allen Schmerz, den ich mir zugefügt habe, vergebe ich mir jetzt von ganzem Herzen. Ich vergebe mir. Ich vergebe mir.« Wiederhol diese Sätze immer wieder und versprich Dir, dass Du ab jetzt achtsamer für Dich da sein willst.

- Spür, dass Du diese Last ablegen kannst, sobald Dein Herz bereit ist zu verzeihen. Spür, wie Du in Licht und Liebe mit allem verbunden bist, spür den Frieden und nimm ihn in Dein Herz hinein.

- Wenn Du Frieden in Dir spürst, verbrenn Deine Liste und Deine Tränentücher in einem kleinen Ritual, wenn Du magst. Du kannst die Asche in ein fließendes Gewässer streuen oder in der Erde vergraben.
  Vorbei ist vorbei.

- Schreib Dir eventuell selbst noch einen kleinen Liebesbrief, den Du Dir an Dein Bett legst, und lass das Ritual im Schlaf in Deinem Unterbewusstsein nachwirken.

Du kannst diese Vergebungsmeditation zu einem festen Bestandteil Deines Lebens machen – in ihr lässt Du die Vergangenheit sein und öffnest Dein Herz jedem neuen Augenblick mit liebevoller Achtsamkeit.

Gleichgültig, ob Du Dir selbst verzeihst oder anderen, oder ob Du um Vergebung bittest, bleib über einen längeren Zeitraum bei der gleichen Person und Methode, damit sich die Wirkung entfalten kann. Wiederhol diese Formen des Vergebens behutsam, bis Du spürst, dass sich in Deinem Herzen etwas löst. Entdecke den Vertrauensstern in Dir, er erleuchtet alles, was nur zu Dir gehört und Deine Einzigartigkeit ausmacht.

Das Mitgefühl mit uns selbst schenkt uns die Fähigkeit, Verurteilung in Vergebung zu verwandeln, Hass in Freundschaft und Angst in Respekt vor allen Lebewesen. Vergeben heißt, dass wir von Gedanken lassen, die uns zwanghaft mit der Vergangenheit verbinden, von Enttäuschung, Kränkung und Streit. Wir verzeihen uns und anderen und lassen Vergangenes sein, indem wir bereit sind, Verantwortung für uns zu übernehmen und uns von unseren Opferrollen zu verabschieden. Wir erschaffen den Frieden in uns und um uns herum, nach dem wir uns so sehr sehnen, um erleichtert weiter dem Strom unseres Lebens zu folgen und jedem neuen Augenblick mit Herzensgüte zu begegnen.

Es gibt keinen Weg zum Frieden – Frieden *ist* der Weg.
Wann beginnen wir zu fühlen, dass dieser Planet ein Herz, eine Seele und ein Geist sind? Wann erkennen wir, dass alle Herzen, alle Seelen in *einem* Geist verbunden sind und zugleich jedes Herz in diesem Geiste schlägt, jede Seele in diesem Geiste schwingt?

»Alles, was Dich belastet, belastet die ganze Welt!
Alles, was Du wirklich liebst, liebt auch die ganze Welt!
Die Welt und Du – worin ist da der Unterschied?
Du bist die Welt und die Welt bist Du!«

Schamanische Weisheit

»Der Mensch kann nicht
zu neuen Ufern aufbrechen,
wenn er nicht den Mut aufbringt,
die alten zu verlassen.«

Meister Eckhart

SECHSTER SCHLÜSSEL

Loslassen

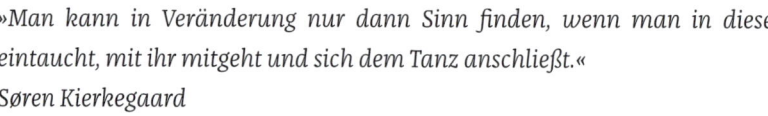

»Man kann in Veränderung nur dann Sinn finden, wenn man in diese eintaucht, mit ihr mitgeht und sich dem Tanz anschließt.«
Søren Kierkegaard

Leben ist Veränderung. In jedem Augenblick. Nichts bleibt, wie es ist, denn ohne Veränderung kann nichts Neues entstehen. Diese Unbeständigkeit allen Seins ist eines der Grundgesetze des Lebens. Vertrauen ins Leben ist nicht immer einfach, denn unser Verstand will Sicherheit, die Seele sehnt sich aber nach neuen Erfahrungen und Wachstum. Sich dem Neuen, Unbekannten zu öffnen, löst deshalb nicht selten Angst aus. Dabei ist das Festhalten am Alten eine der sichersten Methoden, Leid in unser Leben zu bringen. Denn obwohl es zu den natürlichsten Dingen des Lebens zählt, dass alles vergänglich ist, leiden wir meist darunter.

Ob es eine Beziehung ist, die nicht mehr lebendig ist, alte Verhaltensweisen oder ein Glaubensmuster: Das Alte loszulassen, um sich dem Neuen zu öffnen, ist oft eine große Herausforderung, und dennoch sind wir hier, um Erfahrungen zu machen, zu wachsen und bewusster zu werden. Unser Herz führt uns mit seiner leisen Stimme und verbindet uns mit dem natürlichen Fluss des Lebens. Darauf zu vertrauen, fällt aber unserem Verstand nicht leicht, denn er versucht stets unser Überleben zu sichern und reagiert auf alles Unbekannte mit Angst.

»Trenn Dich!« ist leicht gesagt, vor allem als angeblich gut gemeinter Ratschlag anderen gegenüber. Trenn Dich doch, wenn Dir die Beziehung nicht passt, Dir Deine Arbeit langweilig oder sinnlos erscheint, die Wohnung zu klein oder zu groß ist. Und überhaupt, lass doch einfach los! Am besten alles, denn das Loslassen ist zum Allheilmittel schlechthin mutiert.

Der Verstand mag aber das eine Ufer nicht loslassen, um zum anderen zu gelangen, denn Phasen von Chaos und Schwebe bedeuten für ihn pure Angst. Vor einem Entwicklungsschritt und Neubeginn gehen wir oft durch diese Zeit des Chaos, weil das Neue erst in unser Leben treten kann, wenn wir aufgegeben haben, am Alten festzuhalten. In diesen schwierigen Zeiten auf unser Herz zu hören, uns ganz ins Vertrauen fallen zu lassen und dem Leben hinzugeben, erfordert Mut und Bewusstheit.

Vertrauen ist die Voraussetzung, um sich dem Fluss des Lebens hinzugeben. Es braucht eine starke Verbindung zum Herzen, um sich anzuvertrauen und neue Erfahrungen zuzulassen. Unser Verstand will kontrollieren, festhalten, konservieren und ordnen, nur unser Herz rät uns leise, einfach loszulassen.

Mit der Zeit lernen wir, dass sich die Intuition nicht irrt, dass die leise Stimme des Herzens am Ende doch meist Recht behält – gleichgültig, wie verrückt sie uns oft erscheint oder welch Unbehagen ihr Rat in uns auslöst. Und wir lernen auch, dass ihr nicht zu folgen sehr oft mit Schmerz verbunden ist. So beginnen wir, dieser leisen Stimme zu vertrauen, immer mehr auf sie zu hören und ihr zu folgen, selbst ins Unbekannte. Wir vertrauen darauf, dass wir nicht immer alles sofort verstehen müssen oder können, und können so mit jedem Schritt ins Ungewisse die Angst vor der Angst verlieren, sie als Tor und Brücke zu neuen Erfahrungen akzeptieren.

>*Vertrauen ist eine Oase im Herzen, die von der Karawane des Denkens nie erreicht wird.*«

Khalil Gibran

Manchmal meint es das Leben besonders gut mit uns und macht uns zu Experten wider Willen, indem es uns eine Aufgabe immer und immer wieder stellt. Was mich betrifft, war das Loslassen immer schon eine meiner größten Schwächen. Solange ich denken kann, war ich aus tiefstem Herzen eine Bewahrerin und Festhalten war so etwas wie eine Überlebensstrategie für mich. Der Traum aller Kinder bei Freunden schlafen zu dürfen, war für mich ein einziger Albtraum, geplagt von Heimweh hielt es mich keine Nacht fern meines Elternhauses. Darüber hinaus sammelte ich alle möglichen und auch unmöglichen Sachen und war zu keiner Trennung zu bewegen. Über viele Jahre trainierte mich das Leben allerdings im Loslassen und ich durfte vieles lernen. Eines Tages habe ich tief in meinem Herzen verstanden, dass Loslassen eine ganz wesentliche Voraussetzung für Freiheit ist. Wenn ich vieles festhalte und an vielem hänge, bin ich beschwert durch viel Gewicht, eingeengt in meinen Möglichkeiten und kann viel weniger frei agieren. Durch das Loslassen werden nach und nach meine Flügel frei und ich kann lernen sie zu nutzen.

Freiheit ist eine Entscheidung. Sie erfordert meine Bereitschaft, mich von allen Erwartungen und Zwängen zu trennen, die ich mir selbst auferlegt habe – mich so anzunehmen, wie ich wirklich bin. Eine neue Leichtigkeit, ein herzliches Lachen erfüllt meine Seele und es gelingt mir zusehends immer weniger, mich allzu ernst zu nehmen. Denn nichts auf der Welt war mir je versprochen, das einzige, was mir gehört, bin ich selbst. Mit dieser spielerischen Offenheit lade ich Zufall und Gnade in mein Leben ein, bewahre meine Wünsche zart im Herzen, bereit sie loszulassen, wenn es der Fluss des Lebens möchte.

Buddha hat diesen Zustand »Moksha« genannt – die Freiheit von allem, was bindet. Wahre Freiheit verleiht uns Flügel, schenkt uns den Mut wir selbst zu sein. Was bleibt, ist die reine Essenz der Freude.

Darüber hinaus beginne ich zu begreifen, dass der Schmerz beim Loslassen nicht unbedingt von einem gebrochenen Herzen rühren muss. Wenn wir in unserem Inneren *ja* dazu sagen und bewusst, auf achtsame Art loslassen, wenn wir den Prozess annehmen, mit all dem, was er mit uns macht, dann wächst unser Herz durch Verlust. Dann wird gelebte Trauer und bewusstes Verabschieden zu reiner Liebe und wir begreifen, dass Loslassen nicht nur Verlieren heißt, sondern dass es auch bedeutet, ganz viel zu bekommen. Wir können lernen die Vergänglichkeit zu akzeptieren und sogar zu begrüßen, denn wenn wir uns bewusstmachen, dass nichts von Dauer ist, genießen wir es umso mehr. Sich von jemandem oder etwas verabschieden zu müssen, macht uns traurig, aber Achtsamkeit gibt uns die Gewissheit, dass die gemeinsame Zeit nicht verschwendet war und wir wirklich geschätzt haben, was uns geschenkt wurde. Veränderungen sind unvermeidlich, nichts ist von Dauer – gute Zeiten genauso wenig wie schlechte. Wir erleben jeden Tag viele kleine Tode, indem etwas zu Ende geht. An jedem Abend, wenn die Sonne am Horizont untergeht, in jeder Nacht, wenn wir die Augen schließen und unser Bewusstsein in das Reich des Unbewussten sinkt, wird Abschied genommen. Wenn wir üben immer wieder loszulassen, Abschied zu nehmen, uns immer wieder aufs Wesentliche zu konzentrieren, lernen wir intensiver zu leben und die Kostbarkeit des Lebens wahrzunehmen. Vergänglichkeit hinzunehmen kann Klarheit in unser Leben bringen und uns erkennen lassen, was gerade *jetzt,* in diesem Augenblick, wirklich *wirklich* wichtig ist. Heilung geschieht in dem heiligen Raum tief in unserem Inneren als Akt des Loslassens und Annehmens in der Hingabe an das Leben.

Buddhistische Mönche üben sich in der Kunst des achtsamen Loslassens, indem sie Sandmandalas streuen, als Symbole der Vergänglichkeit. Das Ritual wird mit einem Gebet eröffnet, dann wird von der Mitte aus im Schweigen bunter Sand gestreut.
Für die Fertigung benötigen die Mönche mehrere Tage, anschließend werden die wundervollen Kunstwerke wieder in einem Ritual aufgelöst. Der Sand wird zusammengefegt und in ein fließendes Gewässer geschüttet, damit sich der Segen Buddhas zum Wohle aller Lebewesen auf der Welt ausbreiten kann.

Ein Mandala legen

- Entwirf ein Muster für ein Mandala oder such Dir eine Vorlage in Malbüchern oder im Internet und überleg Dir, wie viel Zeit Du in Dein Mandala investieren möchtest.

- Dann geh in den Garten, in den Park oder in den Wald und such die verschiedensten Materialien zusammen. Geh bewusst und intuitiv mit offenen Sinnen los und lass Dich ansprechen, die Palette darf beliebig groß sein. Möglich sind zum Beispiel Steine, Kies und Sand, Erde (nass und trocken), Zapfen und Samen, Zweige und Blätter, Blüten und Beeren. Jede Jahreszeit birgt andere Schätze, selbst im Winter kannst Du ein Mandala in den Schnee malen.

- Such Dir eine ebene Fläche, eine Terrasse, einen Rasen, ein großes Brett oder einen Tisch, auf der Du das Mandala legen kannst.

- Halt einen Augenblick inne, lass Deinen Blick vor Dir ruhen und atme tief ein. Mit dem Ausatem schließ Deine Augen und entspann Dich. Komm mit jedem Ausatemzug mehr in den Augenblick, spür den Boden unter Deinen Füßen und die Ruhe, die sich auszubreiten beginnt.

- Öffne nun die Augen und betrachte Deine »Schätze«. Beginn jetzt ganz in Deiner Zeit die Materialien zum gewünschten Muster zu legen, konzentriere Dich dabei ganz auf das, was Du tust, und genieß die Momente, die Du mit Dir selbst kreativ verbringst.

- Wenn Du fertig bist, mach Dir bewusst, dass der Weg und nicht das Endergebnis das Ziel war, und feg das Mandala rituell weg oder lass es liegen, damit es von den Elementen langsam zerstört wird.

In manchen Klöstern in den Bergen Tibets wird an jedem Abend der Tag in einem Ritual verabschiedet, als sei er der letzte. Die Mönche machen im Klostergarten einen langen Abendspaziergang, betrachten die Blumen und Bäume und alles Leben in der Natur. Sie verabschieden die Menschen, betrachten ihr bisheriges Leben und den letzten Tag und danken. Der nächste Tag ist wie ein Neubeginn und kann mit ganz anderer Achtsamkeit bewusster und intensiver gelebt werden.

Wenn wir das Loslassen im Leben üben, wird es uns am Ende leichter fallen zu gehen.

Es gibt eine unendliche Vielzahl verschiedenster Übungen, um das Loslassen zu üben. Es ist nicht notwendig, dass wir lernen, alles abzugeben, vielmehr ist es notwendig zu erlernen, alles abgeben zu *können*. Entscheidend ist die innere Bereitschaft dazu, auch wenn es oft schwerfällt. Das große Geheimnis liegt darin, im Wechsel zwischen Festhalten und Loslassen pendeln zu lernen. Der Tag bedingt die Nacht und die Nacht existiert nur durch den Tag, wer den Tag festhalten will, müsste die Nacht verleugnen. Es ist ein Kommen und Gehen, das sich wechselseitig bedingt, es ist niemals nur das eine oder nur das andere, es ist immer beides.

Auf uns Menschen bezogen bedeutet das: Wir können nur loslassen, was wir auch festhalten können. Das eindrücklichste Beispiel dafür ist der Atem, er ist das bedeutendste Symbol für das Kommen und Gehen, für die Polarität. Schon allein dadurch, dass man spürt, wie die Atemluft in die Lungenflügel hinein- und aus ihnen wieder hinausströmt, wird man mit der eigenen Vergänglichkeit konfrontiert.

»Im Atemholen sind zweierlei Gnaden:
Die Luft einzuziehn, sich ihrer entladen;
Jenes bedrängt, dieses erfrischt;
So wunderbar ist das Leben gemischt.
Du danke Gott, wenn er Dich presst,
Und dank ihm, wenn er Dich wieder entlässt.«

Johann Wolfgang von Goethe

In jedem Augenblick ist unser Leben mit der Polarität von Ein- und Ausatmen verbunden. Wenn wir uns einmal kritisch beobachten, werden wir aber feststellen, dass unser Atem selten wirklich harmonisch fließt. Meist ist es so, dass wir eine der beiden Atemseiten stärker betonen, oft das Einatmen, nämlich dann, wenn wir nicht genug bekommen, vieles haben wollen und innerlich daran festhalten.

Wann immer uns unangenehme Dinge im Leben begegnen, ist das nichts anderes als der Versuch des Lebens, uns zu zeigen, dass wir hier das Annehmen oder Abgeben lernen dürfen. Ausatmen ist die einfachste Form des Loslassens, wie jeder Ausatemseufzer zeigt, der uns Erleichterung verschafft.

Loslassen mit dem Ausatem

- Setz Dich bequem hin oder leg Dich auf eine Unterlage, dann schließ Deine Augen und richte Deine Aufmerksamkeit nach innen.

- Nimm bewusst Deinen Atem wahr, sein Kommen und Gehen, wie es sich ganz einfach von selbst ergibt.

- Beginn jetzt etwas tiefer einzuatmen – wenn Du den einströmenden Atemzug deutlich spürst, kannst Du auch den ausströmenden Atemzug deutlicher spüren.

- Lass nun den Atem mit etwas mehr Kraft stärker ausströmen, als er von selbst fließen würde. Atme mit einem Seufzer intensiv aus.

- Spür dann, wie die Luft von ganz allein in Deine Lunge strömt und atme wieder tief aus. Lass dabei Deine Schultern sinken und entspann Dich.

- Stell Dir jetzt die Frage, was Du in diesem Augenblick gerne loslassen möchtest, und gib deinem ersten aufsteigenden Gedanken Raum für eine Antwort.

- Mit dem nächsten tiefen Ausatemseufzer lässt Du es wirklich los – in Gedanken und auch im realen Leben. Mit jedem Ausatem kann sich mehr lösen und abfließen.

Wiederhol diese Übung bei jeder sich bietenden Gelegenheit, auch wenn Du gerade nicht sitzen oder liegen kannst. Das hilft Dir, Dinge leichter hinzunehmen. Lass einfach mit einem tiefen Seufzer los und spür danach die Erleichterung.

Wer schon einmal die Erfahrung mit der Atemübung des Verbundenen Atems gemacht hat, der weiß, wie wundervoll es ist, einmal alles loszulassen: sich selbst, seinen Körper, seine Gedanken, seine Gefühle – und in einen Raum einzutauchen, in dem nichts mehr festgehalten werden muss, in dem alles fließt, in dem man auf den Schwingen der Lungenflügel federleicht ins weite Land der Seele fliegen kann, in dem alles möglich ist, jenseits aller Begrenzungen.

Im Atem liegt ein Kompass auf dem Weg zur inneren Heimkehr, dem wir uns bedingungslos anvertrauen und ihm so beim Tauchen in die eigene Wesenstiefe freien Lauf lassen können – geführt von der unfehlbaren Sehnsucht unserer Seele nach ihrem Zuhause.

Bei dieser Atemtechnik lässt man die Pausen zwischen Ein- und Ausatem weg und verbindet auf diese Weise das Ausatmen mit dem Einatmen, sodass der Körper mit Sauerstoff oder – aus östlicher Sicht – mit Prana, der Lebenskraft, überschwemmt wird. Die Loslasswirkung dieser Übung ist faszinierend, wer noch keine Erfahrungen damit gemacht hat, ist für den Anfang allerdings besser bei einem Therapeuten aufgehoben.

(www.dorothea-neumayr.com)

So wie der Einatem den Ausatem bedingt und der Schlaf das Wachsein, so gehören auch Essen und Fasten zusammen. Wir leben einen ständigen Wechsel zwischen Essens- und Fastenzeiten, nur die Dauer ist veränderbar. Wir fasten jede Nacht, wenn wir schlafen, und können diese Zeiten des Nichtessens gut unserer Gesundheit zuliebe ausdehnen zu einer Fastenzeit. Heute ist das Intervallfasten en vogue oder das Kurzzeitfasten – ganz gleichgültig, jede Form der Verschnaufpause für den Körper entlastet auch die Seele.

Oder wir gönnen uns eine Woche Fasten und Loslassen. Sieben Tage, in denen Körper, Geist und Seele loslassen dürfen von Ballast, eine Zeit, die Freiheit schenkt für neue Wege, für den Einstieg in eine neue bewusstere Lebensweise.

Heilfasten ist keine Nulldiät, es ist der bewusste Verzicht auf feste Nahrung und alle Genussmittel. Wenn man das erste Mal fastet, ist das wie eine Initiation, ein Verlassen des alltäglichen Weges, ein Bekämpfen der Angst vor Loslassen und das Vertrauen auf die Weisheit des eigenen Körpers.

»Essen und Trinken hält Leib und Seele zusammen«, weiß der Volksmund und tatsächlich löst sich dieses Band beim Fasten ein bisschen. Körper und Seele werden für sich, aber auch in ihrem Zusammenspiel gemeinsam einer Reinigung unterzogen. Deshalb ist eine bewusste Fastenzeit idealerweise immer mit einer Auszeit verbunden. Mit Ruhe und Hineinhorchen, mit Nach-innen-Schauen und Sich-selbst-wieder-Spüren, damit nicht nur der Körper regenerieren kann, sondern auch die Seele Raum bekommt. Diese Zeit des Innehaltens hilft, die Dinge wieder mit dem nötigen Abstand zu betrachten. Sie schenkt den Freiraum, Denkmuster und Handlungsweisen zu überprüfen und anzupassen. Fasten ist eine sinnliche Expedition zu sich selbst, die mit persönlichem Wachstum einhergeht und eine ideale Rückzugsmöglichkeit für durch Stress überforderte Körper und Seelen sein kann. (www.dorothea-neumayr.com)

Loslassen ist eines der wichtigsten Themen des Fastens – körperlich und seelisch, sich nicht nur einzulassen auf eine Woche des Verzichts, sondern dazu auch positiv motiviert zu sein, kann schon die erste Übung dafür sein, wie wir in Zukunft mit Veränderungen umgehen.

Beim Fasten lassen wir von der mächtigsten aller Gewohnheiten ab: täglich zu essen. Im Alltag ist diese Erfahrung eine wichtige Stütze, wenn es darum geht, das eigene Tun zu hinterfragen, zu mehr Klarheit zu gelangen und sich von Dingen zu lösen, die uns nicht mehr guttun. Fasten ist eine wundervolle Möglichkeit, loslassen zu üben, es verleiht uns die emotionale Stärke, uns, wann immer es an der Zeit ist, von derartigen Bürden zu befreien, weiterzugehen und zu neuen Perspektiven zu gelangen.

Eine wundervolle Übung, wenn wir den klaren Blick für Problemlösungen verloren haben, ist das *Problemfasten*. »Kein Übel ist so schlimm wie die Angst davor«, sagte der antike Philosoph Seneca. Das gilt auch für all unsere größeren und kleineren Sorgen, die uns im Alltag begleiten und von denen einige als Ballast auf unserer Seele liegen. Gleichgültig, ob es sich um Beziehungsprobleme, finanzielle Sorgen oder Stress im Beruf handelt, das negative Kopfkino sorgt dafür, dass sich Geist und Seele ständig in einer Art Angstzustand befinden. Wichtig ist, dass wir zwischen Gedanken und Sorgen unterscheiden. Gedanken führen uns zu neuen Erkenntnissen, Sorgen dagegen immer wieder zum Ursprungsproblem. Fast alle Sorgen und Ängste entstehen in unserer Einbildungskraft und haben nichts mit der Realität zu tun, deshalb ist es wichtig, unsere Sorgen von Zeit zu Zeit kritisch zu hinterfragen. Häufig genügt es schon, unser Vertrauen, mit schwierigen Situationen umgehen zu können, zu stärken. Der erste Schritt, um ein Problem loszuwerden, besteht deshalb darin innezuhalten, unseren Blickwinkel zu ändern und uns unserer Potenziale zu erinnern.

Damit nehmen wir dem Problem seine Macht und schließlich ist es nur so groß, wie wir es in unserem Kopf werden lassen. »Ein Großteil unserer Sorgen besteht aus unbegründeter Furcht«, schrieb der Philosoph Jean-Paul Sartre. Wenn wir uns darüber im Klaren sind, dass wir weder machtlos noch Opfer sind, dann können wir endlich aufhören, unsere Energie in das Grübeln zu verschwenden. Loslassen hilft uns dabei zu erkennen, dass in jedem Problem der Same einer besseren Gelegenheit stecken kann.

Widmen wir uns Aufgaben, die uns überdauern, denken wir große Gedanken, lassen wir positive Gefühle gedeihen und unserer Seele Flügel wachsen. Hier liegt die Chance, alles zu erträumen, was noch auf uns wartet, was das Leben für uns bereithält. Die Welt wird bunter mit all ihren Geheimnissen, Abenteuern, Wundern und Chancen.

»Setz Dich an einen Bach
und sei einfach da. Das Lied
des Wassers wird Deine Sorgen
aufnehmen und sie hinab
zum Meer tragen.«

Khalil Gibran

Inspirationsfragen

Find einen ruhigen Ort, an dem Du ungestört sein kannst. Nimm eine bequeme Sitzhaltung ein und stell Dir folgende Fragen:

- Was in meinem Leben möchte ich loslassen können wie die Bäume ihr Laub?
- Was belastet mich? Was beschwert mein Leben?
- Woran halte ich ganz besonders fest? Warum genau? Und was würde bedeuten, es loszulassen?
- Was würde mir wirklich fehlen, wenn ich es nicht mehr hätte?
- Was könnte ich mit meinen freien Händen machen, wenn ich den Mut habe, sie zu öffnen?
- Worauf möchte ich bewusst nicht verzichten, auch wenn ich es könnte?

Nimm immer den ersten aufsteigenden Gedanken wahr und wichtig und mach Dir Notizen.

»Alles fließt und nichts bleibt; es gibt nur ein ewiges Werden und Wandeln«, zitiert der Philosoph Platon die Weisheit »panta rhei« (Aus dem Altgriechischen: Alles fließt).

Leben ist Veränderung, es ist wie ein Fluss, in den wir zum Schwimmen gehen. Die Stelle, an der wir baden, verändert sich in jedem Augenblick und dennoch tun wir so, als sei sie immer dieselbe.

Wenn wir lernen, im Augenblick zu sein, und uns dem Fluss anvertrauen, weben die Sehnsüchte unseres Herzens die Geschichte, die wir in diesem Leben erfahren wollen, ganz von selbst. Sie bringen uns mit jenen Menschen zusammen, von denen wir lernen und durch die wir wachsen können, und sie führen uns aus den Situationen heraus, in denen die Lektion gelernt wurde. In unserer Tiefe sind wir Schöpfer unseres Lebens. Mit Akzeptanz und Vertrauen fällt die Schwere des Lebens von uns ab und schenkt uns Leichtigkeit und Freiheit.

Kleine Kinder leben es uns vor, sie sind ganz im Augenblick präsent und voller Vertrauen. Wie gerne habe ich mich als kleines Mädchen vom Ast des Apfelbaums herab in die offenen Arme meines Vaters fallen lassen.
Immer und immer wieder in dem grenzenlosen Vertrauen, aufgefangen zu werden. Als Kinder gehen wir mit einem Urvertrauen in die Welt, ohne die Angst, vom Leben nicht aufgefangen zu werden. Als Erwachsene dürfen wir es wieder lernen. Der Psychoanalytiker Erich Fromm sagt: »Wenn wir nur im Haben unser Vermögen sehen, verhungern wir, stattdessen könnten wir unseren seelischen Kräften vertrauen.«
Unser Leben pulsiert zwischen gegensätzlichen Polen. Immer. Das Geheimnis liegt im Sein-Lassen, im heiteren Gelassensein, in einem Grundvertrauen, dass immer genug da ist.
Im Feld der Möglichkeiten erfahren wir die Fülle, die Geheimnisse und den Zauber des Lebens in all seiner Vielfalt!

»Wir brauchen nicht so fortzuleben, wie wir gestern gelebt haben. Machen wir uns von dieser Anschauung los, und tausend Möglichkeiten laden zu neuem Leben ein.« Christian Morgenstern

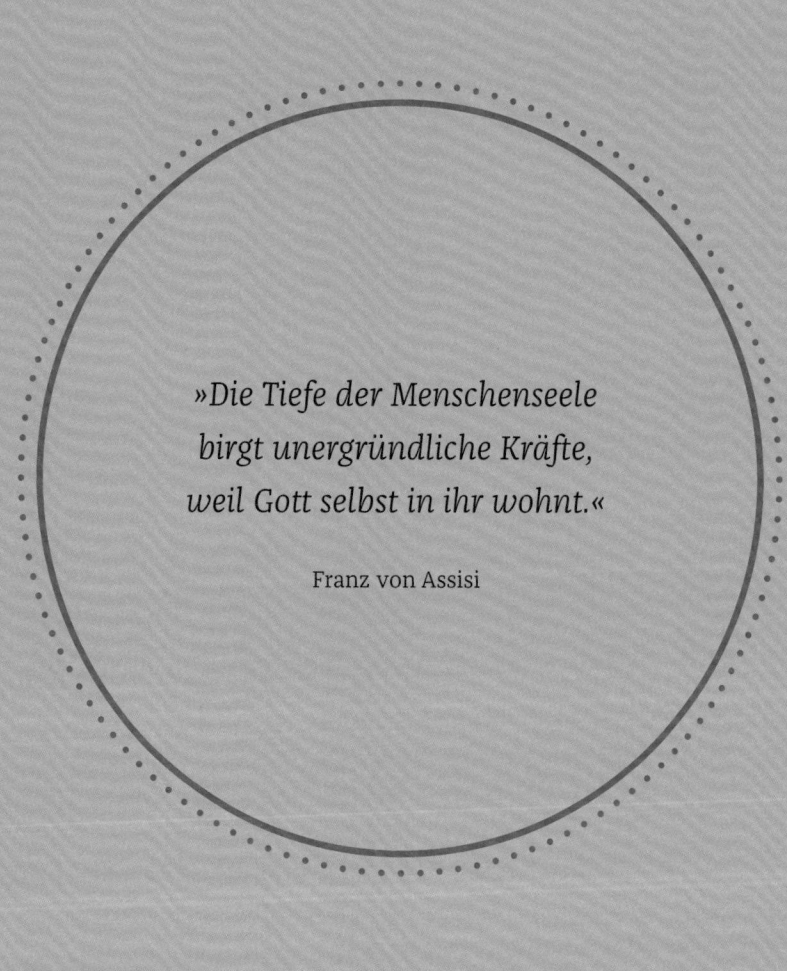

»Die Tiefe der Menschenseele
birgt unergründliche Kräfte,
weil Gott selbst in ihr wohnt.«

Franz von Assisi

Einklang

Ruhe. Vertrauen. Stilles Verstehen.

Wenn wir in unserer Mitte sind, fühlen wir uns »angekommen« und im Einklang mit der Welt. Dann schwingen unser Herz, unser Atem und all unsere Zellen harmonisch zusammen. Wir *sind* einfach, hier und jetzt, frei und offen. Diese Momente empfinden wir als tiefen Frieden, als tiefe innere Ruhe, frei von jeder Erwartung oder Angst.

Musik schenkt uns solche intensiven Glücksmomente, sie ist Seelenmedizin. Jeder von uns kennt die Kraft von Melodien und Rhythmen, ganz gleichgültig, ob es ein Schlaflied ist, eine Symphonie oder Musik, die uns im wahrsten Sinne des Wortes in die Beine geht. Musik und Tanz verändern unseren Bewusstseinszustand und führen uns in einen seelisch-körperlichen Prozess der Veränderung. Wir treten aus dem Alltagsbewusstsein heraus, hinein in einen anderen Raum. Diesen Zustand als Trance zu bezeichnen, löst in der westlichen Welt oft Unbehagen aus, doch kommt das Wort von dem lateinischen Verb *trans-ire,* was hinübergehen bedeutet. Und genau das ist es, was uns verzaubert. Musik nimmt uns mit auf eine Reise in eine verborgene, innere Welt, die im Alltagsbewusstsein nicht erlebbar ist, sie umarmt unsere Gefühle und Sehnsüchte und bringt unsere inneren Saiten zum Klingen. Sie löst Gefühle in uns aus, ob wir wollen oder nicht, macht uns fröhlich oder traurig, beruhigt oder entspannt, vermittelt Freude oder das Gefühl von Freiheit und weckt Erinnerungen in uns.

Unsere Seele hat ihre ganz eigene Melodie, unser Herz, der Atem und jedes Organ hat seine eigene Frequenz. Wir denken, sprechen und gehen in unserem individuellen Rhythmus, jede Körperzelle schwingt in einer bestimmten Frequenz. Musik besteht aus Frequenzen und

Schwingungen, auf die unser Körper und Geist reagieren. Zu denjenigen, die unserem Herzrhythmus entsprechen, gehen wir sofort in positive Resonanz, denn in unseren Herzen tönt ein Liebeslied im Einklang mit dem Geist. Manche Rhythmen laden uns zum Tanzen ein, weil sie unsere Beine ansprechen, verführen uns zum Träumen, sind Balsam für unsere Seele oder schenken Trost und Frieden. Musik ist ein existenzieller Teil unseres Selbst, jenseits aller Worte berührt sie unsere Seele, denn wir alle sind musikalische, klingende Wesen.

In seiner Festrede zum Mozartjahr berührte mich der Dirigent Nikolaus Harnoncourt unter anderem mit diesen Worten: »Musik ist keineswegs die abgehobene Geheimsprache einer arroganten, selbstbewussten und privilegierten Minderheit, nein, jeder kann ihre Botschaft mitbekommen, kann teilnehmen an ihren Reichtümern, wenn die Antennen von klein auf richtig eingestellt werden. Die Kunst und mit ihr die Musik ist ein wesentlicher Bestandteil des menschlichen Lebens, sie ist uns geschenkt als Gegengewicht zum Praktischen, zum Nützlichen. Es leuchtet mir ein, was manche Philosophen sagen, dass es die Kunst und eben die Musik ist, die den Menschen zum Menschen macht. Sie ist ein unerklärliches Zaubergeschenk, eine magische Sprache.«

Ich bin ein Kind der Sechzigerjahre und hörte Beatles und Rolling Stones auf voller Lautstärke. Meine Eltern »überlebten« diese Phase und säten gleichzeitig den Samen für klassische Musik. Geboren und aufgewachsen in der Mozartstadt Salzburg kommt man ohnehin nicht um die Festspiele herum mit ihren Opern, Konzerten und Symphonien und auch nicht um das Singen im Chor. Wie unglaublich reich beschenkt ich doch bin durch die Liebe zur Musik, die mich in allen Lebenslagen begleitet, berührt und stärkt.

Jenseits aller Worte berührt Musik Millionen von Menschen, ganz gleichgültig, ob es archaische Trommeln sind oder zarte Saiten, ob es Lieder sind, Opern oder Schlager. In der Klassik gibt es einen Komponisten, der mit seiner Musik alle Grenzen des Möglichen aufhob und die Grundlage für alle nachfolgenden Musikgenres schuf. Er schuf Klänge für die Ewigkeit, die unsere Seele berühren, wie keine anderen es je vermögen, seine Werke berühren auf eine zutiefst spirituelle Weise, die sich bis heute nicht erklären lässt. Vielleicht erklären es die Worte seines Sohnes Carl Philipp Bach: »Die Musik meines Vaters hat höhere Absichten, sie soll nicht das Ohr füllen, sondern das Herz in Bewegung setzen.« Auch Goethe beschreibt die Musik von Johann Sebastian Bach wundervoll: »Als ich diese Musik hörte, da vernahm ich etwas von dem, wie es sein müsste in Gott, gerade bevor Er die Welt erschaffen hat. Und es war mir, als wenn ich weder Ohren, am wenigsten Augen und weiter keine übrigen Sinne besäße noch brauchte.«
Was sich in Worten nur nach und nach ausdrücken lässt, ertönt in seiner Musik gleichzeitig. Die Essenz aller menschlichen Emotionen, alle Hingabe, alle Liebe, alle Leidenschaft, aller Kummer, alles Vergeben, aller Schmerz und alle Hoffnung, derer wir fähig sind – alles und noch viel mehr erklingt in der Musik Bachs gleichzeitig jenseits aller Worte und damit allen Menschen verständlich. Seine Musik tröstet, sie fängt uns auf und trägt uns, sie schenkt ein Gefühl des Glücks, das man kaum beschreiben kann. Aus dem Urgrund tiefsten Glaubens nimmt sie uns an der Hand und lässt uns zur Ruhe kommen.

Klänge für Deine Seele

- Such Dir Musik von Johann Sebastian Bach aus, ganz einfach intuitiv oder versuche es mit *Air* aus der Suite Nr. 3 für Orchester (BWV 1068).

- Find einen Augenblick der Ruhe, sorg dafür, dass Du ungestört bist, schließ Deine Augen und lass die Töne dieser wundervollen Melodie zu Dir herein.

- Öffne Dein Herz, vielleicht nimmst Du wahr, dass der Bass wie ein ruhiger Herzschlag wirkt, der auf dem Thema der Violine sanft dahinschwebt.

- Lass mit jedem Ton Stress und Unruhe in den Hintergrund treten und füll Dich mit der Melodie dieser Seelenmusik. Bleib danach noch eine Zeit lang ganz bei Dir und in der Stimmung, die die universelle Liebe dieser Zaubermusik in den Äther trägt.

»Farben sind die Wunden des Lichts«, sagt der Dichter und Maler William Blake, und tatsächlich gibt es ohne Licht keine Farben, aber auch keine Schatten.

Das Ziel aller spirituellen Wege ist das *Sein* im Licht. Wenn wir diesen Weg gehen, heißt das, dass in diesem Licht alle Farben und Empfindungen enthalten sind, aber auch alle Schatten.

Farben wecken in uns Gefühle, drücken Empfindungen aus, die schwer in Worte zu fassen sind, bedeuten für jeden etwas anderes und sind so die Spielräume unserer Seele. Grün ist die Farbe der Hoffnung, sagt man, und Rot die der Liebe. Unsere Augen, der Spiegel der Seele, sind verschiedenfarbige Mandalas und jeder von uns hat vom Kindesalter an seine Lieblingsfarbe. Wir wählen unsere Kleidung danach, das erste Fahrrad, später richten wir unsere Wohnung danach ein, welche Farbe uns gut »steht« und mit der wir uns wohlfühlen. Farben begleiten uns durchs Leben und werden so zu Brücken zwischen uns Menschen, zwischen Himmel und Erde, wie der Regenbogen. Die Quelle jeder Regenbogenfarbe ist das reine weiße Licht.

Wir alle haben einen inneren Regenbogen, dessen strahlendes Licht durch unsere Chakren tanzt und uns Kraft und Energie schenkt. So wie es Kraftorte auf der Erde gibt, haben auch wir in uns Kraftpunkte, die als Energiezentren oder Chakren bezeichnet werden und in Resonanz mit unseren Organen und Lebensaufgaben stehen. Jedes Chakra stellt ein Tor zu einer bestimmten Energie dar, jede Farbe hat eine bestimmte Frequenz und für unsere körperliche und seelische Gesundheit eine wichtige Bedeutung.

Es gibt umfassende Literatur zu dieser uralten indischen Lehre, hier möchte ich einfach nur einen Impuls setzen. Alles ist bereits in uns, und wenn wir die Energie in unserem Feld verändern, zeigt sich das auch im Außen.

Durch die bewusste Beschäftigung mit unseren sieben Energiezentren können wir unseren Körper und unsere Seele in Harmonie bringen und so in unsere eigene Mitte kommen.

Chakren werden in der indischen Mythologie als Blüten beschrieben, deren Farben je nach Lage des Energiezentrums variieren und nach und nach ihre Blütenblätter öffnen, wenn wir ihnen unsere Aufmerksamkeit schenken – durch Meditation oder bewusstes Atmen. Wenn wir das Fühlen zulassen, lösen sich Blockaden im Energiefluss und wir werden mit Lebendigkeit und Heilung beschenkt. Wenn alle sieben Chakren geöffnet sind, werden wir frei in unserem Denken und Fühlen, werden zu einem leuchtenden Regenbogen, der Brücke zwischen Himmel und Erde. Diese Energiezentren sind entlang der Wirbelsäule aufgereiht und bilden vom Becken bis zum Scheitel eine mächtige Energiesäule. Alle Chakren sind gleich wichtig und durchdringen einander, wir sollten deshalb keines außer Acht lassen – sie entsprechen dem Bild eines Baumes, der starke Wurzeln braucht, um Stamm und Krone auszubilden. So sagte der spirituelle Lehrer Osho, dass nicht eine Stufe, nicht eine einzige Farbe ausgelassen werden dürfe, denn alle Farben müssten in den Regenbogen aufgenommen werden, all die sieben Töne der Musik müssten Teil der Melodie werden und all die sieben Chakren eine Einheit.

Es gibt viele verschiedene Möglichkeiten, uns unseren Energiezentren zuzuwenden, durch Meditation, Atmung, Musik oder Berührung kann die Energie zu fließen beginnen und das in uns als Knospe ruhende Potenzial kann sich zur Blüte entfalten.

Als ich vor über 20 Jahren einen Mondzyklus lang in Indien war, wurde ich in viele spirituelle Rituale und Praktiken eingeweiht. Wir verbrachten diese vier Wochen schweigend, begannen unseren Tag um 6 Uhr früh mit Meditation und Übungen, um durch verschiedene Bewusstseinszustände ganz in unserer Mitte anzukommen. Eine dieser Übungen war eine Chakra-Atemmeditation, die mich so sehr beeindruckt hat, dass ich sie seither in manchen meiner Seminare anleite. Diese Form der Meditation sollte aber nur unter fachkundiger Begleitung angewendet werden.

Wir können auch durch Summen oder Singen heilende Laute erzeugen, die mit den verschiedenen Chakren resonieren. Im Ayurveda, der traditionellen Medizin der Hindus, wird die heilende Kraft der Stimme schon seit Jahrtausenden angewendet, um Chakren in Balance zu bringen und zu harmonisieren. Jedem Chakra wird sein eigenes Mantra zugeordnet, das möglichst lange gesummt wird, damit die Vibration das Energiezentrum anregt und sich die Tore der Seele öffnen.

Harmonisieren der Chakren durch Töne

Das erste Chakra, das Wurzelchakra, liegt im Beckenboden und öffnet sich nach unten. Es steht für unsere energetische Verbindung mit der Erde und die Themen Urvertrauen, Stabilität und Lebenswillen. Es bildet die Basis aller anderen Chakren und nährt Körper, Geist und Seele mit Lebensenergie. Seine Farbe ist Rot, sein Mantra heißt »Lang«.

Das zweite Chakra, das Sakralchakra, liegt oberhalb der Geschlechtsorgane am Unterbauch beziehungsweise am Rücken oberhalb des Kreuzbeins und steht für Sinnlichkeit, Kreativität und Lebensfreude. Es ist das Zentrum der weiblichen und männlichen Energie, hier liegt unsere Schöpferkraft verborgen. Seine Farbe ist Orange, sein Mantra heißt »Vang«.

Das Solarplexuschakra ist unser drittes Chakra, das im Zentrum unseres Körpers oberhalb des Nabels liegt und auch Sonnengeflecht genannt wird. Es ist besonders energiereich und steht für Willenskraft, Mitte und Selbstbewusstsein. Seine Farbe ist Gelb, sein Mantra heißt »Rang«.

Das vierte Chakra – in Sanskrit: Anahata – ist das Herzchakra, das in der Mitte unserer Brust liegt und für Mitgefühl, Liebe und Wertschätzung steht. Es ist das Zentrum des gesamten Systems und strahlt selbstlose Energie und Herzenswärme aus. Seine Farbe ist Grün, sein Mantra lautet »Yang«.

Das fünfte Chakra ist das Halschakra im Kehlkopfbereich zwischen Herz – und Stirnchakra, urprinzipiell dem Gott Hermes/Merkur zugeordnet, schafft es die Verbindung zwischen Fühlen und Denken. Es ist das Zentrum des Klangs, steht für Kommunikation und unsere individuelle Ausdruckskraft. Dieses Chakra zu öffnen ist wichtig, um sich zu erlauben, die eigene Wahrheit zu sprechen. Seine Farbe ist Blau, sein Mantra klingt »Hang«.

Das sechste Chakra liegt in der Mitte der Stirn zwischen den Augenbrauen. Es ist das Zentrum des »Dritten Auges«, die Quelle unserer Selbsterkenntnis, Intuition und inneren Weisheit und dient der höheren Wahrnehmung, unserem sechsten Sinn und der Achtsamkeit. Seine Farbe ist Purpur oder Magenta, sein Mantra heißt »Shang«.

Das Kronenchakra ist das siebente Chakra, liegt am Scheitelpunkt unseres Kopfes und öffnet sich nach oben. Es ist das Tor zum reinen Bewusstsein, unser Zugang zur alles verbindenden kosmischen Energie der Spiritualität. Hier tanzt das kosmische Regenbogenlicht in Weiß und Gold, sein Mantra ist »Aum«. OM ist das »Ja« zum Leben.

- Find für Deine Meditation einen bequemen Platz, schließ Deine Augen, mach Dir Deine Position bewusst und halt Deine Wirbelsäule gerade.
- Atme tief ein, sodass sich die Bauchdecke beim Einatmen ausdehnt, und benutz für jedes Mantra einen vollständigen Atemzug.
- Richte Deine Aufmerksamkeit auf das erste Chakra und beginn sein Mantra zu tönen. Töne circa eine Minute lang in das Chakra hinein.
- Spür nach, wie der Klang den Energiepunkt in Schwingung versetzt.

- Geh so nach und nach weiter zum nächsten Chakra bis hinauf zum Scheitel.
- Am Ende der Übung wirst Du Dich leicht und energetisiert fühlen. Bleib noch etwas sitzen und genieß das Gefühl.

Je häufiger Du übst, desto leichter kommst Du in die gewünschte Balance, in tiefe Gelassenheit.

Alles, was im Energiefeld in Balance ist, kann auch im Leben in Harmonie kommen. Wenn wir innen im Fluss sind, dann fließt es auch im Außen.

Die Zuordnung von Vokalklängen zu Chakren beruht auf der Überlieferung von Jahrtausende alten Traditionen aus Indien, Tibet oder China und ist deshalb nicht einheitlich. Wir können aber darauf vertrauen, dass die Harmonie, die der Klang uns zeigt, immer stimmig ist.

Wenn wir in die vollkommene Harmonie des Klangs eintauchen, wirkt das auf der energetischen Ebene stark harmonisierend. Auf der Körperebene erfahren wir Tiefenentspannung, die uns viel bewusster wahrnehmen lässt, was im Hier und Jetzt gerade geschieht. Auf das Bild des Baums übertragen bedeutet das, dass ich beginne, den Baum in seinen kleinsten Details wahrzunehmen, den Stamm mit seiner Rinde, die Rillen darin, die Farbe, den Geruch. All das kann ich nur wahrnehmen, wenn ich mir Zeit dafür nehme.

»Am Anfang allen Seins, da war ein einziger Klang. Ein Klang, der alle Vibrationen und Schwingungen enthält, die jemals existiert haben oder existieren werden«, steht vor über Tausend Jahren in den Upanishaden, einer Sammlung hinduistischer Weisheitsschriften. Dieser

Klang ist *OM* – die Hymne des Universums, der Urton unserer Existenz. Er ist der allumfassende Ton, der alles zu durchdringen vermag und gleichsam alles zusammenhält.

OM (AUM) existiert als universelle Schwingung und ist sowohl ein Zeichen für den Klang als auch für die Form. Das OM-Symbol ist kein Wort, sondern manifestiert die spirituelle Kraft. Die Rezitation der Silbe OM löst im Körper Schwingungen aus, die sich von der unteren Wirbelsäule bis zum Scheitel ausbreiten. Dieser warme Klang senkt sich, sprechen wir ihn aus, tief in unseren Körper und unsere Seele.

Das uralte OM-Symbol wird seit Jahrtausenden zur Meditation und im Yoga verwendet. Es bezeichnet die Seele der Welt, die alles umfasst. Das Sichtbare und das Unsichtbare, das Göttliche, das unseren Verstand übersteigt und das wir uns dennoch mit diesem einen Klang zu eigen machen können: *OM*.

Ein Mantra besteht aus Silben, Tönen und Vibrationen und wird gesprochen, gesummt oder gesungen, um unseren Geist zur Ruhe zu bringen. Es hilft uns dabei, unsere Gedanken zu sammeln und auf heilsame und aufbauende Botschaften auszurichten. »Das Mantra wird uns zum Stab des Lebens und trägt uns durch alle Prüfungen hindurch«, sagt Mahatma Gandhi. Ob man will oder nicht, fühlt man Mantras, denn sie treffen einen mitten ins Herz.

Als ich nach Indien kam, hörte ich die Mantra-Gesänge zum ersten Mal und ich war zutiefst berührt von der Intensität, mit der die Menschen hier sangen. Diese Inbrunst hat mich förmlich mitgerissen und ich chantete spontan mit, bis sich das Mantra in mir verselbstständigte und einfach aus mir heraussprudelte.

Heiliges Summen

Der Rhythmus der Welt scheint schneller geworden zu sein, der Rhythmus der Mantras fängt uns wieder auf und bringt unsere Seele auf wundersame Weise in Einklang mit Körper und Geist. Wenn wir summen oder chanten, tauchen wir ein in eine Sphäre jenseits aller Bedeutung, in reines Sein. Wir müssen es nicht verstehen, die Wirkung offenbart sich uns auf anderem Wege, genau darin liegt ihre Kraft.

- Komm in einen aufrechten Sitz, leg Deine Hände vor Deiner Brust aneinander und schließ Deine Augen.

- Öffne Deine Lippen ganz leicht. Atme ruhig und tief ein und lass mit dem Ausatem ein tiefes, aus dem Bauch kommendes »Aaaaaaaaaa« ertönen. Während Du den Laut fließen lässt, wandle ihn in ein aus der Brust kommendes »Uuuuuuuuu«.
- Lass den letzten Atemvorrat als ganz langgezogenes »Mmmmmmmm« nachklingen.
- Nach einer natürlichen Atempause beginn wieder von vorne.

Die Schwingungen dieser Klänge lassen Deinen Körper vibrieren wie das Schnurren einer Katze und bringen Dich rasch in strömendes Ruhen, in Deine eigene Mitte.

Wichtig ist, darauf zu achten, welches Mantra mit der Seele schwingt und uns guttut. Wenn wir achtsam auf unsere innere Stimme lauschen und geduldig sind, können wir sogar unser ganz eigenes Mantra finden. Mag sein, dass ein Wort aus unserem Inneren auftaucht, das wir noch nie gehört haben, von dem wir aber spüren, dass es uns heilen kann. Mantras sind wie Passwörter. Sie helfen uns, Zugang zu unserem inneren Raum zu finden, zu unserem Seelenraum, dem Ort, wo alles gut und stimmig ist, wo wir zu Hause sind. Sie gehören zu den wenigen Dingen auf der Welt, die weit über Wissen und Glauben hinausgehen, und erfüllen genau die Voraussetzungen, die wir für die Reise des Geistes nach innen benötigen. Hier kehren wir in unser wahres Zuhause zurück, auf den Grund eines Meeres voller Frieden, wo unser Geist im Einklang mit unserem Herzen schwingt.

Wenn meine Seele ein Haus wäre ...

... wie sähe es aus und wo würde es stehen?

Wäre es ein gemütliches Holzhaus in einem großen Garten oder mit einem Bootssteg direkt am Seeufer, ein Schloss, eine Villa oder Almhütte?

Mit einer einfachen Übung können wir erfahren, was uns wirklich bewegt, wonach wir uns *wirklich* sehnen.

Diese einfache Visualisierungsübung kannst Du jederzeit durchführen, sie erfordert wenig Zeit und geht davon aus, dass uns unsere Seele eine unendliche Menge an Informationen schenkt. **Unser Seelenhaus hilft uns, spielerisch unsere wahren Bedürfnisse zu erforschen.**

- Schließ dafür Deine Augen und stell Dir eine Wohnung oder ein Haus vor. Nimm das allererste Bild, das vor Deinem inneren Auge auftaucht, auch wenn es vielleicht nicht Deinen Vorstellungen entspricht.

- Schau es Dir genau an, was ist es für ein Gebäude, wie sieht es aus? Hat es feste Grundmauern, ist es neu oder alt, sind Risse in den Wänden, ist es lichtdurchflutet oder dunkel? Geh durch Dein Haus und lass es auf Dich wirken. Fühlst Du Dich dort wohl, frei oder gefangen?

- Und dann nimm ein Blatt Papier und mal Dein Haus ohne lange nachzudenken, mal einfach drauflos!

Das Malen oder Zeichnen an Deinem Seelenhaus ist ein Prozess, der Tage und Wochen dauern kann. Häng Dein Bild auf und zeichne daran weiter, wenn Dir danach zumute ist. Du kannst Dinge verändern, ausbauen, reparieren, bis es immer klarer wird. Pablo Picasso hat es so treffend formuliert: »Mein Stift weiß, was ich möchte, ich führe das nur aus.« Das Faszinierende daran ist, dass sich jede visualisierte »Baumaßnahme« wiederum auf unser reales Leben auswirkt.

Das Haus symbolisiert unser Ich, doch nicht nur der Bau liefert uns wichtige Hinweise auf das, was in uns vorgeht, auch die Wahl des Standorts ist von großer Bedeutung.

Wo würdest Du Dein Seelenhaus am liebsten platzieren?

- Schließ wieder Deine Augen und stell Dein Haus dorthin, wo Du jetzt am liebsten wohnen würdest. Nimm den ersten aufsteigenden Gedanken wahr und wichtig und wähle den Platz, ohne zu überlegen.
Zieht es Deine Seele ans Meer oder in die Wälder? Fühlt sie sich am Fluss wohl, in den Bergen, am See oder vielleicht in der Stadt?
Du musst nichts weiter tun, als Dein inneres Bild zu betrachten und Dich der Führung Deiner Seele anzuvertrauen. Sie wird die richtige Wahl für Dich treffen. Immer.
- Und dann zeichne Dein Haus in Deine Landschaft und spür hinein in Dein Seelenbild. Es ist alles da, vertrau einfach Deiner inneren Weisheit.

Mit dieser einfachen Methode können wir unsere Seele erkunden, unerfüllte Bedürfnisse und Wünsche entdecken und wichtige Hinweise bekommen, um unsere momentane Lebenssituation klarer zu erkennen und zu verstehen, wo eventuell etwas verändert werden sollte.
Wir können dem Haus beliebig viele Etagen geben, zwischen verschiedenen Materialien wählen, entscheiden, ob es neu ist oder alt, renoviert oder verkommen. Jedes Detail verrät etwas über unsere momentane seelische Verfassung: Das Fundament des Seelenhauses spiegelt Themen wie Geborgenheit, Schutz, Vertrauen und Wertschätzung. Das Dach steht symbolisch für Fragen nach dem Sinn des Lebens.

Der Wald symbolisiert unsere weibliche Seite und steht für all jene Seelenanteile, die wir vernachlässigen und die in unserem Unterbewussten darauf warten, endlich ans Licht zu dürfen. Ein See strahlt Ruhe und Frieden aus, wer sein Haus dorthin gebaut hat, fühlt sich in Balance, kennt seine Stärken und weiß um seine Ziele. Ein Haus am Meer zeigt, dass im Unbewussten noch viele Träume darauf warten, endlich gelebt zu werden. Sein Bewohner verspürt eine große Sehnsucht nach Unabhängigkeit.

Basis dieser Übung ist das Prinzip der Analogie »Wie oben, so unten, wie innen, so außen«. Das heißt, dass wir immer die Möglichkeit haben, unsere inneren Bilder zu erkennen und zu verwandeln, damit sich auch im Außen etwas verändern kann.

»Man kann Vieles unbewusst wissen, indem man es fühlt, aber nicht weiß.«

Fjodor M. Dostojewski

»Des Menschen Seele
Gleicht dem Wasser:
Vom Himmel kommt es,
Zum Himmel steigt es,
Und wieder nieder
Zur Erde muss es,
Ewig wechselnd.

Seele des Menschen,
Wie gleichst du dem Wasser!
Schicksal des Menschen,
Wie gleichst du dem Wind!«

Johann Wolfgang von Goethe

»Wenn Du wissen willst, was Wasser ist, trinke!«, sagt eine Zen-Weisheit. Wasser ist in unseren Breiten so alltäglich, dass wir es als selbstverständlich betrachten und überall anders nach der magischen Arznei suchen, die uns Gesundheit, Energie und ein langes Leben beschert. Doch der Schlüssel dazu ist ganz einfach Wasser. Wenn wir müde sind oder uns unwohl fühlen, suchen wir oft nach komplizierten Lösungen, dabei ist es so einfach: Wasser ist die beste Medizin, Wasser ist Leben. Platon war einer der ersten, dem das Wasser am Herzen lag. Der griechische Philosoph warnte schon zu seiner Zeit vor den Folgen der Waldvernichtung für unsere Erde. Wenn Wälder gerodet werden, verschwindet der Schatten und der Boden erodiert. Damit ändern Wasserläufe ihren Weg, das Wasser schwemmt Boden fort und verliert seine Qualität und Energie. Wir sollten nicht vergessen, dass Wasser in unserem Körper genauso reagiert wie in der Natur. Wenn wir unseren Körper nicht gut behandeln, bekommt er Stress und wird krank.

»Wir sollten ihn gut behandeln, damit die Seele gern in ihm wohne«, schrieb die Heilige Teresa von Ávila, »ihm die nötige Ruhe gönnen, ihn gesund ernähren und gutes Wasser trinken.«

Wenn wir uns Zeit nehmen, über Wasser nachzudenken, wird uns bewusst, dass es eine magische Substanz ist, die für jeden Menschen eine ganz spezielle Bedeutung hat.

Wasser ist ein belebendes Getränk, wenn wir durstig sind, es fühlt sich gut an, sich vom sanften Regen berieseln zu lassen und die Tropfen auf der Haut zu spüren, es schenkt Geborgenheit in der Badewanne oder im körperwarmen Thermalwasser, sanft gewiegt bei der Wassertherapie *aqua-e-motion,* die an die ersten Monate im Mutterleib, an das ozeanische Gefühl der Schwerelosigkeit erinnern mag.

Wir lieben es im Meer zu schwimmen, am Strand spazieren zu gehen oder an einem rauschenden Bach, wir wissen, dass ein tosender Wasserfall unglaubliche Heilkräfte besitzt. Kinder sind vom Wasser fasziniert, sie wollen mit dem Wasser und im Wasser spielen, durch Pfützen patschen, herumspritzen und Dinge nass machen.

Wenn wir an Erholung und Entspannung denken, kommt meist Wasser ins Spiel. Ein Ausflug an den See, ein Besuch im Schwimmbad, ein Thermenwochenende, Angeln, Segeln, ein Urlaub auf einer Insel oder zumindest am Meer, Venedig ...

Wasser ist Seelenelement. Die tiefe Erinnerung an das Element, aus dem wir kommen und welches wir vor Jahrmillionen Jahren verlassen haben, haben wir in jeder Zelle mitgenommen, was erklären mag, warum wir uns so stark zu ihm hingezogen fühlen.

Unsere erste Heimat ist das Wasser der Fruchtblase. Hier bildet sich schon in den ersten Wochen und Monaten der Schwangerschaft das Urvertrauen, auf das später unser Selbstvertrauen aufbaut.

Wasser ist unser Lebensquell und beinahe so wichtig wie die Luft zum Atmen. Normalerweise steht der Mensch von Luft umgeben mit beiden Beinen auf der Erde. Verlässt er diesen Lebensraum und begibt sich ins Wasser, verändert sich einiges, denn es hat eine überaus heilende, harmonisierende und vitalisierende Wirkung. Deshalb ist für traditionelle Heilweisen Wasser die Grundlage der körperlichen und seelischen Gesundheit – das Element, das den Menschen mit der Erde und dem Himmel verbindet, die Essenz unseres Lebens.

Aus meiner jahrzehntelangen Erfahrung als Wassertherapeutin weiß ich, dass sehr viele Menschen ein Thema mit dem Wasser haben, das sie daran hindert, dieses wundervolle Element zu genießen, sich wirklich darauf einzulassen und eins zu werden. Als Kind wurde man immer wieder auf die Gefahren des Wassers hingewiesen, musste sich fernhalten oder hat die Erfahrung gemacht, beinahe ertrunken zu sein. Im Unterbewusstsein wurde all das abgespeichert und führte zu einer eher zweifelhaften Beziehung zum Nass. Wie berührend ist es zu erleben, wie sich diese Blockaden im warmen Wasser lösen, wie Vertrauen entsteht und Anvertrauen zur Freude wird (www.dorothea-neumayr.com).

Lebenselixier Wasser

Mach Dir das Geschenk, das Seelenelement Wasser auszukosten und mit all Deinen Sinnen die wohltuende, regenerierende Energie zu genießen – gleichgültig, ob es ein Bach ist, der sich durch einen Wiesengrund schlängelt und sanft über runde Steine dahinplätschert, oder ein körperwarmes Thermalbecken. Ob Du in die Geborgenheit Deiner Badewanne eintauchst oder in den klaren, kühlen See, in dem sich der blaue Himmel spiegelt.

Nutz jede Gelegenheit, um Dich dem Wasserelement anzuvertrauen, spür die angenehme Berührung auf Deiner Haut. Plansche nach Herzenslust herum, wie Du es als Kind getan hast. Fühl Dich wie ein Fisch im Wasser, geschmeidig und frei oder leg Dich entspannt auf die Wasseroberfläche und lass Dich treiben, lass Dich sanft wiegen und genieß, wie leicht Dein Körper dabei wird. Das Wasser trägt Dich, ist zuverlässig und weich, Du gibst Dich ihm hin, vertraust Dich ihm an.

Oder tauch einfach mal ganz unter, lass Luftblasen aufsteigen und Dich selbst tiefer sinken. Lass alles an der Oberfläche zurück und versenke Deine lärmenden Gedanken.

Werde ganz still, nimm Deinen Herzschlag wahr und spür dabei die tiefe Verbindung mit dem Element, in dem alles begann.

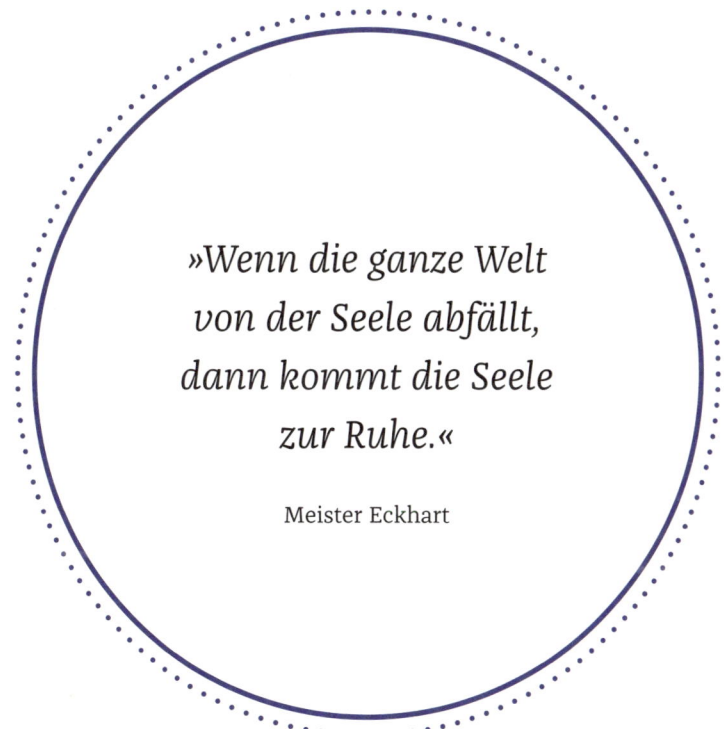

»Wenn die ganze Welt
von der Seele abfällt,
dann kommt die Seele
zur Ruhe.«

Meister Eckhart

Ausklang

Fühlen
und achtsam sein
still werden
und zulassen
dankbar sein
und annehmen

Vielleicht fragen
nicht tun
und suchen
nicht wollen

Eins mit sich werden
nach Hause kommen
im inneren Frieden

Seel-ig

Die Autorin

Herzlich, feinfühlig, achtsam, spürsinnig, humorvoll und kreativ: Dorothea Neumayr lässt sich nicht festlegen, dazu ist das Leben viel zu bunt.

Die Autorin, Seminarleiterin, Ernährungs- und Fastenexpertin, Coachin und spirituelle Lehrerin begleitet auf ihre unverwechselbare, liebevoll-einfühlsame Art seit vielen Jahren Menschen auf ihrem Entwicklungsweg und zu körperlicher wie seelischer Heilung.

Ihre besondere Aufmerksamkeit gilt dem Weg des Herzens, der ganzheitlichen Persönlichkeitsentwicklung sowie dem Element Wasser mit seinen vielfältigen Möglichkeiten. Dies alles erlaubt ihr, Menschen nahe zu sein und ihre Aufgaben zu erspüren.

Für Dorothea Neumayr ist ihr Beruf echte Berufung. Ihr Wissen um die Lebensprinzipien, Ernährung, Fasten, den Atem und die Psychosomatik, aber auch um Regeneration und Heilung ist für ihre Klienten ein Schlüssel zur Persönlichkeitsentfaltung. Bekannt ist Dorothea Neumayr durch ihre Seminare in Österreich, Italien und Spanien, als Autorin und Co-Autorin des Bestseller-Autors Dr. Ruediger Dahlke.

Kontakt: www.dorothea-neumayr.com   dorothea@neumayr.com
Bücher der Autorin:

- Zeit für Achtsamkeit, ZS Verlag
- Das Fasten-ABC, Nymphenburger

Impressum

© 2019 ZS Verlag GmbH
Kaiserstraße 14 b
D-80801 München

ISBN 978-3-89883-962-4
1. Auflage 2019

Projektleitung: Kathrin Mayr
Lektorat: Anna Cavelius
Cover und grafisches Konzept:
Johanna Höflich
Grafische Gestaltung: Daniela Schulz
Illustration S. 20: Anna Chwoyka
Weitere Illustrationen: Shutterstock
Herstellung: Frank Jansen
Producing: Jan Russok
Druck und Bindung: optimal media
GmbH, Röbel

Die ZS Verlag GmbH ist ein Unternehmen der Edel SE & Co. KGaA, Hamburg.
www.zsverlag.de | www.facebook.com/
zsverlag

Dank

Von Herzen danke ich Anna
Cavelius, meiner zauberhaft empathischen Lektorin, die meinen
Texten achtsam lauscht und
sie liebevoll in einen schönen
Rahmen bettet. Wir begegnen
einander auf Herzensebene, im
Dialog unserer Seelen, sodass
Wundervolles entstehen kann.